¡Comunícate en español!

Cuaderno de ejercicios prácticos

Atsuko Wasa

Editorial ASAHI

PAÍSES HISPANOHABLANTES

ISLAS CANARIAS

- Lanzarote
- La Palma
- Tenerife
- Sta.Cruz de Tenerife
- Gomera
- Teide
- Fuerteventura
- Las Palmas de Gran Canaria
- Hierro
- Gran Canaria

- Tijuana
- Mexicali
- ESTA...
- Río Grande
- Ciudad Juárez
- P.de la Baja California
- Chihuahua
- Monte...
- MÉXI...
- Guadalajara
- Ciud... de M...
- Popo...
- Acapulco C...

ESPAÑA

- Mar Cantábrico
- FRANCIA
- La Coruña
- Gijón
- Santander
- Guernica
- San Sebastián
- ANDORRA
- Santiago de Compostela
- Oviedo
- ASTURIAS
- CANTABRIA
- Bilbao
- PAÍS VASCO
- Pamplona
- Lugo
- C.Finisterre
- GALICIA
- León
- Vitoria
- NAVARRA
- Jaca
- Pontevedra
- Burgos
- Logroño
- Huesca
- Figueras
- Vigo
- Orense
- Astorga
- Palencia
- LA RIOJA
- Gerona
- Miño
- CASTILLA-LEÓN
- Zamora
- Soria
- Zaragoza
- CATALUÑA
- Costa Brava
- Lérida
- Barcelona
- Oporto
- Valladolid
- Duero
- Ebro
- Douro
- Medina del Campo
- ARAGÓN
- Tarragona
- Salamanca
- Segovia
- Tortosa
- Coimbra
- Ávila
- Guadalajara
- Teruel
- PORTUGAL
- MADRID
- Alcalá de Henares
- Castellón de la Plana
- Menorca
- Mallorca
- MADRID
- Aranjuez
- Cuenca
- Palma
- Talavera de la Reina
- Tajo
- Toledo
- VALENCIA
- C.da Roca
- Tejo
- CASTILLA-LA MANCHA
- Júcar
- Valencia
- Ibiza
- ISLAS BALEARES
- LISBOA
- Cáceres
- EXTREMADURA
- Alcázar de San Juan
- Formentera
- Mérida
- Ciudad Real
- Albacete
- Évora
- Guadiana
- Segura
- Alicante
- Costa Blanca
- Elche
- Córdoba
- Guadalquivir
- Murcia
- Mar Mediterráneo
- Jaén
- MURCIA
- ANDALUCÍA
- Cartagena
- Huelva
- Sevilla
- Granada
- Mulhacén
- Almería
- Málaga
- Cádiz
- Costa del Sol
- Algeciras
- Gibraltar
- Estrecho de Gibraltar
- Ceuta
- Océano Atlántico
- ARGELIA
- Melilla
- MARRUECOS

HISPANOAMÉRICA

DOS

Mississippi

Nueva Orleans
(New Orleans)

Golfo de México

Miami

Veracruz

Mérida

P. de Yucatán

La Habana

CUBA

Santiago de Cuba

BAHAMAS

Islas Bahamas

**PUERTO
RICO**

San Juan

Santo Domingo

HAITÍ

**REPÚBLICA
DOMINICANA**

JAMAICA

BELIZE

GUATEMALA

Guatemala

HONDURAS

Tegucigalpa

San Salvador

EL SALVADOR

NICARAGUA

Managua

San José

COSTA RICA

PANAMÁ

Panamá

Cartagena

Maracaibo

Lago de Maracaibo

Medellín

Magdalena

Bogotá

COLOMBIA

Buenaventura

Mar Caribe

Caracas

VENEZUELA

LLANOS

Orinoco

Ciudad
Bolívar

GUYANA

SURINAM

Guayana Francesa

**TRINIDAD Y
TOBAGO**

Puerto España
(Port of Spain)

Antillas Menores

Arch. de Colón
(Is.Galápagos)

ECUADOR

Quito

Cotopaxi

Chimborazo

Guayaquil

CORDILLERA

Chiclayo

Cajamarca

Trujillo

Callao

Lima

PERÚ

Cuzco

Arequipa

Manaus

Amazonas

Belém

Fortaleza

Recife

BRASIL

San Francisco

Salvador

Brasilia

Belo Horizonte

BOLIVIA

L.Titicaca

La Paz

Cochabamba

Santa Cruz
de la Sierra

Sucre

EL ALTIPLANO

Potosí

Paraguay

Paraná

PARAGUAY

Asunción

São Paulo

Rio de Janeiro

Santos

Curitiba

Antofagasta

Salta

CHILE

San Miguel
de Tucumán

**LOS
ANDES**

Aconcagua

Valparaíso

Santiago

San Juan

Mendoza

Santa Fe

Córdoba

Paraná

Rosario

Paraná

Uruguay

Porto Alegre

URUGUAY

Buenos Aires

La Plata

Montevideo

Río de la Plata

Concepción

Colorado

Negro

Mar del Plata

Temuco

Puerto Montt

ARGENTINA

PATAGONIA

Comodoro Rivadavia

Is.Malvinas
(Falkland)

Estrecho de Magallanes

Punta Arenas

Tierra del Fuego

Ushuaia

C. de Hornos

Is.Georgias del Sur

Océano

Océano Pacífico

Atlántico

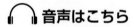 音声はこちら

https://text.asahipress.com/free/spanish/comunicate/index.html

はじめに

　本書は，スペイン語を専攻する学生の皆さんやスペイン語を基礎からしっかりと学びたいという方々を対象とし，文法で学習したことを実際のコミュニケーション場面で応用できるようにすることを目標としています。

　各課は4ページで，「EJERCICIOS（練習）」，「ACTIVIDADES（アクティビティ）」，「VOCABULARIO（語彙）」，「ひとくちメモ」から成り，全部で18課あります。「EJERCICIOS」は，文法で学んだことが定着するように作成していますので，巻末の「文法のポイント」で確認しながら練習してください。「ACTIVIDADES」は，文法で学んだことを応用し，4技能（聞く・話す・読む・書く）を伸ばすことを目標にしたアクティビティです。「VOCABULARIO」はスペイン語圏に旅行・滞在した際に必須となる基本的な語をイラストや写真などで楽しく学べるようにしています。「ひとくちメモ」は，スペイン語やスペイン語圏の文化をより深く知るきっかけとして活用してください。

　なお，本書の姉妹編『初級スペイン語文法　三訂版』を併用していただくとさらに効果的です。

　最後に，本書の作成に際して貴重なコメントをくださったVicente Otamendi先生，音声の録音に協力していただいたYolanda Fernández先生，Daniel Quintero先生，そして，熱意をもって丁寧に編集してくださった朝日出版社の山中亮子氏および関係者の方々に深く感謝申し上げます。

令和3年8月

著者

目　次

Lección 1

EJERCICIOS：音節分け・アクセントの位置，発音，基数詞(0〜10)
ACTIVIDADES：男女の名前，名前の綴り，スペイン語圏の有名人，電話番号を伝える
VOCABULARIO：スペイン語圏の国・地域

EJERCICIOS

1 次の語を音節に分け，アクセントのある音節に下線を引いて読みましょう。

Ejemplo: libro → *li-bro*

1) tomate   2) información   3) fruta   4) ciudad   5) examen
6) amor   7) templo   8) reloj   9) amarillo   10) hamburguesa
11) terraza   12) billete   13) estudiante   14) compañero   15) agua

2 🎧02 次はスペイン語を公用語とする国・地域です。次ページの地図で位置を確認し，音声を聞いてアクセントのある音節に下線を引きましょう。

Ejemplo: España → *Espa*ña

1) Argentina   2) Bolivia
3) Chile   4) Colombia
5) Costa Rica   6) Cuba
7) Ecuador   8) El Salvador
9) Guinea Ecuatorial   10) Guatemala
11) Honduras   12) México
13) Nicaragua   14) Panamá
15) Paraguay   16) Perú
17) Puerto Rico   18) República Dominicana
19) Uruguay   20) Venezuela

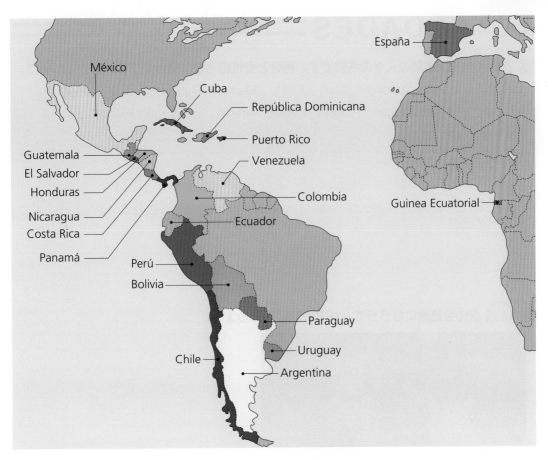

3 🎧 03 スペイン語圏の人の姓です。音声を聞いて正しいものに〇を付けましょう。

1) a. Fernández   b. Hernández

2) a. Pena   b. Peña

3) a. Pérez   b. Píriz

4) a. Rorca   b. Lorca

5) a. González   b. Gónzalez

4 あなたの携帯電話（**móvil**）の番号をスペイン語で書きましょう。

Ejemplo: 0908165342 → *cero nueve cero ocho uno seis cinco tres cuatro dos*

_____ → _____

3

ACTIVIDADES

1 次はスペイン語圏の人々の名前です。男性と女性の名前に分けて下欄に書きましょう。

José   María   Antonio   Juan   Ana   Manuel   Francisco   Luis   Isabel

Javier   Miguel   Ángel   Marta   Carlos   Teresa   Alejandro   Pilar   Pablo

Carmen   Raquel

男性の名前	
女性の名前	

2 🎧 04 次の会話例にならって，ペアで練習しましょう。

Ejemplo:

Marta: ¡Hola! Me llamo Marta. ¿Cómo te llamas?

Kenta: Me llamo Kenta.

Marta: ¿Cómo se escribe?

Kenta: Ka, e, ene, te, a.

A: ¡Hola! Me llamo .... ¿Cómo te llamas?

B: Me llamo ....

A: ¿Cómo se escribe?

B: ....

3 🎧05 次はスペイン語圏の有名な人々です。音声を聞いて線で結び，インターネットで その人物について調べましょう。

1) Lionel   ·   · a）Ruiz Picasso

2) Penélope ·   · b）Andrés Messi

3) Rafael   ·   · c）Cruz Sánchez

4) Pablo   ·   · d）Vargas Llosa

5) Mario   ·   · e）Nadal Parera

4 🎧06 次の会話例にならって，ペアになって携帯電話の番号を言いましょう。

Ejemplo:

Marta: ¿Cuál es tu número de teléfono?

Kenta: Es el 0806543276.

A: ¿Cuál es tu número de teléfono?

B: ....

ひとくちメモ　スペイン人の名前

　スペインでは，パスポートや運転免許証などの公式な文書には名前（el nombre）と２つの姓 （dos apellidos）を書きます。「名前＋父方の姓＋母方の姓」の順番になりますが，子どもが成 人すると，この姓の順番を変えることができます。また，女性は結婚しても独身時の姓をその まま使います。

父: Jesús Sánchez Alba 　　　母: María García Fernández

子: Carmen Sánchez García

Lección 2

EJERCICIOS：名詞の性・数，不定冠詞，定冠詞
ACTIVIDADES：色・衣類の名前を言う，挨拶表現
VOCABULARIO：職業，国籍を表す名詞，衣類，色の形容詞

EJERCICIOS

1 次の写真を参考に不定冠詞を付けましょう。

1) (　　) profesora **2)** (　　) bombero **3)** (　　) médico **4)** (　　) estudiantes

5) (　　) camarero **6)** (　　) policía **7)** (　　) fontanero **8)** (　　) piloto y
(　　) azafata

9) (　　) cantante **10)** (　　) abogado **11)** (　　) enfermera **12)** (　　) ama de
casa

2 次の語の女性形を書きましょう。

1) el profesor ⇔ (　　　　　　　) **2)** el camarero ⇔ (　　　　　　　)

3) el estudiante ⇔ (　　　　　　　) **4)** el pianista ⇔ (　　　　　　　)

5) el enfermero ⇔ (　　　　　　　) **6)** el cocinero ⇔ (　　　　　　　)

7) el pintor ⇔ (　　　　　　　) **8)** el secretario ⇔ (　　　　　　　)

9) el taxista ⇔ (　　　　　　　) **10)** el actor ⇔ (　　　　　　　)

3 例にならって，国籍を表す名詞を書き入れましょう。

Japón	*japonés*	*japonesa*	*japoneses*	*japonesas*
España				
México				
Francia				
Italia				
Portugal				
Estados Unidos				

4 (   )に定冠詞，下線部に色の形容詞を適切な形にして書きましょう。

1) (   ) vestido ....

2) (   ) zapatos ....

3) (   ) vaqueros ....

4) (   ) bolso ....

5) (   ) camiseta ....

6) (   ) jersey ....

7) (   ) camisa ....

8) (   ) calcetines ....

9) (   ) falda ....

Los colores

 azul
 amarillo
 rojo
 anaranjado
 verde
 morado

 marrón
 gris
 rosado
 blanco
 negro

ACTIVIDADES

1 🎧[07] ペアになって色の名前を質問し合いましょう。

Ejemplo:

Kenta: ¿Cómo se dice "akai" en español?

Elena: Se dice "rojo".

A: ¿Cómo se dice "........................" en español?

B: Se dice "........................".

2 🎧[08] 例にならい，ペアになって話しましょう。

abrigo	jersey	cazadora	chaqueta

traje	vestido	blusa	falda	pantalones

corbata	sombrero	botas	calcetines

Ejemplo:

Marta: ¿Cómo se dice "zapatos" en japonés?

Kenta: Se dice "kutsu".

A: ¿Cómo se dice "........................" en español?

B: Se dice "........................".

3 🎧109 次はスペイン語の挨拶表現です。音声を聞いて練習し，対応する日本語の挨拶表現を線で結びましょう。

1) ¡Hola!　　　　・　　　　・　a）おはようございます。

2) Buenos días.　・　　　　・　b）こんばんは。／おやすみなさい。

3) Buenas tardes.　・　　　　・　c）はじめまして。

4) Buenas noches.　・　　　　・　d）こんにちは。

5) Adiós.　　　　・　　　　・　e）またね。

6) Hasta luego.　・　　　　・　f）やあ！

7) Mucho gusto.　・　　　　・　g）さようなら。

4 🎧110 音声を聞いて，(　　)の中に書き入れ，ペアになって練習しましょう。

1) フォーマルな挨拶

　Sr. Fernández : (　　　　　　) días, Sra. García.

　Sra. García　: (　　　　　　) días, Sr. Fernández.
　　　　　　　　　¿Cómo está usted?

　Sr. Fernández : Muy bien, ¿y usted?

　Sra. García　: Bien, (　　　　　).

2) インフォーマルな挨拶

　Juan : ¡(　　　　　　)! ¿Qué tal?

　Yuka : Bien, ¿y tú?

　Juan : Muy bien, (　　　　　).

3) パーティーで

　Diego : ¡Hola! Me llamo Diego. ¿Y tú?

　María : Me llamo María. (　　　　　).

　Diego : (　　　　　) (　　　　　).

Lección 3

EJERCICIOS：主格人称代名詞，直説法現在（規則活用），否定文，疑問文，

目的語と前置詞 a，基数詞（11～100）

ACTIVIDADES：日常生活について，衣服の値段を言う

VOCABULARIO：頻度の副詞(句)，曜日

EJERCICIOS

1 下線部の名詞・代名詞を主格人称代名詞にし，(　　　)内の動詞を主語に合わせて活用させ，文を書き換えましょう。

1) Antonio y Javier (**hablar**) italiano.　　**2)** José y Carmen (**bailar**) flamenco.

3) Raquel y yo no (**tomar**) cerveza.　　**4)** ¿María y usted (**aprender**) francés?

5) Laura y yo no (**asistir**) a clase hoy.　　**6)** Manuel y tú (**vivir**) en Barcelona, ¿no?

2 例にならって，次の文の動詞を複数形にして書き換えましょう。

Ejemplo: Viajo mucho.　→　*Viajamos mucho.*

1) Hoy visito a Pablo.　→　

2) Pronuncias muy bien.　→　

3) No desayuno todos los días.　→　

4) ¿Lees muchos libros?　→　

5) ¿Vive usted cerca de la Universidad?　→　

3 次の会話文の(　　　)内に適切な動詞を下から選んで書き入れ，ペアになって練習しましょう。

1) A: ¿Ustedes (　　　　　) español?

　　B: Sí, (　　　　　) un poco de español.

2) A: ¿(　　　　　: tú) o (　　　　　: tú)?

　　B: (　　　　　) Literatura en la universidad.

3) A: ¿(　　　　　: vosotros) cerca de la Universidad?

　　B: No, (　　　　　) muy lejos.

4) A: ¿(　　　　　: tú) desayuno todos los días?

　　B: Sí, siempre (　　　　　) desayuno.

trabajar	hablar	tomar	estudiar	vivir

4 例にならって，背番号をスペイン語で書きましょう。

Ejemplo: *once*　　**1)** ＿＿＿＿＿＿　　**2)** ＿＿＿＿＿＿　　**3)** ＿＿＿＿＿＿　　**4)** ＿＿＿＿＿＿

5 次の語を並べ替えて，文を作りましょう。

1) correo electrónico/Escribo/a/Luis/un.　＿＿＿＿＿＿＿＿＿＿＿＿＿＿＿＿

2) la/Buscamos/profesora/a/García.　＿＿＿＿＿＿＿＿＿＿＿＿＿＿＿＿

3) Mañana/visitan/estudiantes/museo/los/el.　＿＿＿＿＿＿＿＿＿＿＿＿＿＿＿＿

4) Mañana/señores/los/visito/Pérez/a.　＿＿＿＿＿＿＿＿＿＿＿＿＿＿＿＿

5) Javier/rosas/a/cien/regala/María/rojas.　＿＿＿＿＿＿＿＿＿＿＿＿＿＿＿＿

頻度の副詞（句）

siempre	una vez	al día	todos los días (meses, años)
a menudo	(dos veces)	a la semana	todas las semanas
normalmente		al mes	todas las mañanas (tardes, noches)
a veces		al año	
casi nunca			
nunca			

曜日

lunes　　martes　　miércoles　　jueves　　viernes　　sábado　　domingo

ACTIVIDADES

1 ( )内の頻度の副詞（句）を使って，Carmen，Miguel と José の日常生活について書きましょう。また，あなたの日常生活についても頻度の副詞（句）を使って書きましょう。

 Carmen

Ejemplo: estudiar（todos los días）　→　*Carmen estudia todos los días.*

1) tomar café con leche（todas las mañanas）→　...

2) preparar la clase（siempre）　→　...

3) asistir a clase（cinco días a la semana）→　...

4) limpiar la habitación（los domingos）→　...

Miguel y José

1) escuchar música（todas las noches）　→　...

2) no estudiar en la biblioteca（nunca）　→　...

3) llegar tarde a clase（a veces）　→　...

4) practicar fútbol（todos los días）　→　...

Yo

1) desayunar　→　...

2) asistir a clase　→　...

3) llegar tarde a clase　→　...

4) usar el móvil en clase　→　...

5) leer el periódico　→　...

2 🎧[11] 例にならい，ペアになって練習しましょう。

Ejemplo: A: ¿Cuánto cuesta *la camiseta* ?

B: *Doce* euros.

Ejemplo: *12€*　　**1)** 18€　　**2)** 100€　　**3)** 86€　　**4)** 31€

3 🎧[12] Antonioが日常生活について話しています。音声を聞いて，(　　)内に動詞の直説法現在を入れましょう。文章の内容を把握した後，続いて聞こえる文が正しければV (verdadero)に，間違っていれば F(falso)にチェック(☑)をつけましょう。

　　¡Hola! Me llamo Antonio. (　　　　) Derecho en la Universidad de Salamanca. (　　　　) a clase cuatro días a la semana. Normalmente, después de las clases (　　　　) en la biblioteca. (　　　　) fútbol los sábados y los domingos.

1) V ☐　　　F ☐　　　　**2)** V ☐　　　F ☐

3) V ☐　　　F ☐　　　　**4)** V ☐　　　F ☐

ひとくちメモ　スペイン人の生活時間帯

　スペインでは一般に午前10時から午後2時まで働いて，午後5時頃まで長い昼休みに入ります。その間に食事をしたり，「シエスタ(昼寝)」をしたりして，午後5時頃に再び職場に戻り，夜8時まで働きます。そのため，夕食は午後10時前後にとることになります。

Lección 4

EJERCICIOS

1 正しいものを選び，〇を付けましょう。

1) Allí [hay / está] la estación de Atocha.

2) Debajo de la mesa [hay / están] dos gatos.

3) ¿[Está / Hay] un hotel cerca de aquí?

4) ¿Qué [está / hay] en la maleta?

5) [Están / Hay] muchas cucarachas en la cocina.

2 ( )の中に **ser, estar** を正しい形にして入れましょう。

1) ¿Dónde (:tú) ahora? — ( ) delante del cine.

2) ¿( ) usted japonés? — Sí, yo ( ) japonés.

3) ¿Cómo ( ) ustedes? — ( ) bien, gracias.

4) ¿( ) vosotros de Chile? — No, ( ) de Colombia.

5) ¿Dónde ( ) María y Pedro? — ( ) en el salón.

3 下線部を問う疑問文を作りましょう。

Ejemplo: Pedro está en casa. → *¿Dónde está Pedro?*

1) Delante de la mesa hay cuatro sillas. → ....

2) Pepe es un poco gordo. → ....

3) Hay unos ordenadores en la oficina. → ....

4) Luis y María están en el aula. → ....

5) Carlos habla con Lola. → ....

4 ( )の中に必要なら定冠詞を入れ，必要でなければ×を書きましょう。

1) Hola, ( ) Juan. ¿Qué tal?

2) Buenos días, ( ) señora Fernández.

3) ( ) señora Fernández es muy amable.

4) Hasta luego, ( ) señor Díaz.

5) ¿Es usted ( ) señor Díaz?— Sí, soy Juan Díaz.

5 次は家の中のイラストです。部屋の名前を下の囲みの中から選んで（　　　）の中に書き入れましょう。

1) _____ **2)** _____ **3)** _____

4) _____ **5)** _____

la cocina　　el salón　　el cuarto de baño　　el dormitorio　　el comedor

6 **5**のイラストを見て，各部屋に関係のある語を線で結びましょう。

1) la cocina　　　　　　　·　　　　　·　a．silla, mesa

2) el salón　　　　　　　·　　　　　·　b．cama, armario, mesilla, lámpara

3) el cuarto de baño　　·　　　　　·　c．sofá, sillón, mesa

4) el dormitorio　　　　·　　　　　·　d．nevera, lavaplatos, microondas

5) el comedor　　　　　·　　　　　·　e．ducha, lavabo, inodoro

場所の副詞　Adverbios de lugar

aquí　　　　　ahí　　　　　allí　　　　　cerca　　　　　lejos

場所を表す前置詞（句）

a la derecha de
↓
detrás de

en　　　　　entre　　　　al lado de

a la izquierda de

　　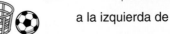

debajo de　　dentro de　　fuera de

↑
a la izquierda de

delante de

15

ACTIVIDADES

😎 **1** 🎧13 次は電話の会話です。音声を聞いて **ser** または **estar** の適切な形を入れ，ペアになって練習しましょう。

1) — ¿Dígame?
   — Hola, (　　　) Carmen. ¿(　　　) Luis?
   — Un momento, por favor.

2) — ¿Dígame?
   — Hola, Emilio.
   — ¿Quién (　　　) ?
   — (　　　) Daniela. Perdón, ¿no (　　　) Emilio, Emilio Santos?
   — No, no. (　　　) Pedro Villares.
   — ¡Ah! Perdón. Lo siento.

> もしもし:　¡Aló!（南米）　¡Bueno!（メキシコ）
>
> teléfono público 公衆電話　teléfono fijo　固定電話
>
> teléfono móvil/celular　携帯電話

2 🎧14 音声を聞いて文章の内容を把握した後，設問に答えましょう。

España está en la Península Ibérica, al lado de Portugal. Al norte está Francia, y el continente de África está al sur. Al oeste está el Océano Atlántico y al este está el Mar Mediterráneo. Cerca de la Península Ibérica están las Islas Baleares. Las Islas Canarias están al oeste de África. Gibraltar está entre España y África. No es parte de España. Pertenece a Inglaterra.

En España hay diecisiete Comunidades Autónomas. Ceuta y Melilla son Ciudades Autónomas. La capital de España es Madrid.

norte

oeste　este

sur

1) ¿Dónde está España?   --

2) ¿Cuál es la capital de España?   ------------------------------------

3) ¿Dónde están las Islas Canarias?   ---------------------------------

4) ¿A qué país pertenece Gibraltar?   ---------------------------------

5) ¿Cuántas Comunidades Autónomas hay en España?   ------------------

3 🎧15 **Vicente** にならって，クラスで自己紹介をしましょう。

Vicente: ¡Hola! Me llamo Vicente López y soy estudiante de la
Universidad de Salamanca. Soy de Madrid, pero ahora
vivo solo en Salamanca. Mucho gusto.

Tú: ---

ひとくちメモ **スペインの自治州と言語**

　スペインには17の自治州があり，各自治州は50の県に分かれます。さらに，アフリカには2つの自治都市セウタとメリリャがあります。公用語のスペイン語(españolまたはcastellano)の他，カタルーニャ語(catalán)，バスク語(euskera)，ガリシア語(gallego)が地方公用語として話されています。「ありがとう」はカタルーニャ語では *Gràcies.*，バスク語では *Eskerrik asko.*，ガリシア語では*Grazas.*と言います。

Lección 5

EJERCICIOS：直説法現在―不規則活用(1)，指示詞，-mente の副詞，序数詞，感嘆文
ACTIVIDADES：人物の描写，名刺を読む
VOCABULARIO：程度を表す副詞，人の身体的特徴・性格・状態を表す形容詞

EJERCICIOS

1 　動詞を下から選び，(　　　　)の中に適切な形にして書き入れましょう。

1) Yo no（　　　　　） al novio de Marina.

2) Ellos（　　　　　） desde los 20 años.

3) Nosotros siempre（　　　　　） el diccionario a clase.

4) Ramón（　　　　　） tocar la guitarra.

5) En casa yo siempre（　　　　　） la mesa.

| poner   conducir   traer   conocer   saber |

2 　例にならって，書き換えましょう。

　　Ejemplo: esta (Luisa) / aquella (Raquel)　　　→　*Esta es Luisa y aquella es Raquel.*

1) Este（Miguel）/ ese（Pablo）　　　　　　　→ ....

2) Esta（Alicia）/ esa（Raquel）　　　　　　　→ ....

3) Estos（Luis y Mario）/ esas（Isabel y Felisa）　→ ....

4) Ese（el salón）/ aquella（la cocina）　　　　→ ....

5) Esta maleta（de Felipe）/ esa（de José）　　→ ....

3 　(　　　)内の数字の序数を使って，次の質問に答えましょう。

1) ¿En qué piso vives?（3）　　...

2) ¿En qué curso estáis?（1）　　...

3) Perdón, ¿dónde están los servicios?（4 piso）　...

4 　次の語を並べ替えて，感嘆文を作りましょう。

1) está/qué/este/rico/café　　　...

2) tiempo/rápido/qué/pasa/el　　...

3) más/castillo/hermoso/qué　　...

4) qué/aquella/guapa/mujer/es　...

18

5 （　　　）の中に **ser** または **estar** を適切な形にして入れましょう。

1) El novio de Marisol （　　　　　） alto, guapo y muy simpático.

2) Ana y Pilar （　　　　　） contentas.

3) ¿Qué tal （　　　　　） Sofía? — （　　　　　） enferma.

4) Felisa （　　　　） una persona muy divertida.

5) ¿（　　　　: tú) enfadada? — No, （　　　　） cansada.

6) Lucía （　　　　　） tranquila, pero hoy （　　　　　） nerviosa.

6 次の質問文の答えとして正しいものを選んで，記号に〇をつけましょう。

1) ¿Cómo es Teresa?

　— a. No está aquí.　　b. Está aburrida.　　　c. Es guapa y muy simpática.

2) ¿Cómo es Felipe físicamente?

　— a. Es alto y delgado.　b. Es trabajador y simpático.　c. Está enfermo.

3) ¿Estás triste?

　— a. Sí, soy muy triste.　b. Sí, un poco.　　　c. Sí, estoy bien.

身体的特徴を表す形容詞

　alto/a↔bajo/a　　gordo/a↔delgado/a　　guapo/a↔feo/a　　rubio/a↔moreno/a

性格を表す形容詞

simpático/a	↔	antipático/a	trabajador/-a ↔ vago/a (perezoso/a)
divertido/a	↔	aburrido/a	sociable ↔ tímido/a
tranquilo/a	↔	nervioso/a	generoso/a ↔ egoísta
alegre	↔	serio/a	optimista ↔ pesimista
abierto/a	↔	reservado/a	puntual ↔ impuntual
amable	inteligente	responsable	

状態を表す形容詞

　cansado/a　　enfermo/a　　enfadado/a↔contento/a　　nervioso/a　　triste

ACTIVIDADES

✏️ **1** 例にならって，あなたとあなたの家族や友人の性格について，程度を表す副詞を使って書きましょう。

Ejemplo: *Soy un poco tímido, bastante nervioso y muy responsable.*

（Yo）：

（Mi madre, Takashi, etc .）：

程度を表す副詞

    demasiado trabajador/trabajadora/trabajadores/trabajadoras

    muy simpático/simpática/simpáticos/simpáticas

    bastante tímido/tímida/tímidos/tímidas

    un poco vago/vaga/vagos/vagas

    poco amable/amables

    nada puntual/puntuales

2 🎧16 音声を聞いて，次の文の内容が正しければV(verdadero)に，間違っていればF(falso)にチェック(☑)をつけましょう。

1) Marta es alta, rubia y simpática.   V ☐   F ☐

2) Jesús y José son alegres y trabajadores.   V ☐   F ☐

3) Elena es tranquila pero hoy está nerviosa.   V ☐   F ☐

3 次の名刺(tarjeta de visita)を読んで，質問に答えましょう。

Pablo López Muñoz
ABOGADO

la calle ──────→ **C**/ Miguel Ángel, 5, **7º**. ←────── el piso

el código postal ──────→ **28010** Madrid（España）

Tel.: 91 319 81 85

pablo.lopez@hotmail.es

1) ¿Cuáles son los apellidos de Pablo? ....

2) ¿Qué hace? ....

3) ¿En qué piso está la oficina? ....

4) ¿Cuál es el código postal? ....

4 次の文章を読んで，次の名刺を完成させましょう。

Luisa Serrano Calvo es taxista. Vive en la calle de Alfonso XII, número catorce, cuarto piso. El código postal es el cuarenta y uno, cero, cero, dos de Sevilla. El teléfono móvil es el seis, setenta y uno, ochenta y nueve, treinta y seis, cincuenta y cuatro. El correo electrónico es: *luiserrano, arroba, yahoo, punto, es.*

....

....

C/ ....

.... Sevilla（España）

Móvil: ....

E-mail: ....

ひとくちメモ **スペインの住所**

スペインの住所は，通りの名前，番地の番号，ピソの階数（序数詞）の順になります。通りは一般に calle と言いますが，avenida や paseo とも言います。

例）Vivo en la calle Mayor, número 7, quinto piso.（私はマヨール通り7番地5階に住んでいます。）

Lección 6

EJERCICIOS：直説法現在—不規則活用(2)，接続詞，所有詞

ACTIVIDADES：買い物，スペインの商業施設の営業時間を読む，夏休みにしたいことを
書く

VOCABULARIO：家族関係，商業施設の名称

EJERCICIOS

1️⃣ （　　　）内に当てはまる動詞を下から選んで直説法現在形にしましょう。

1) Yo no （　　　　　） esta palabra.

2) El concierto （　　　　　　） a las 8:30.

3) Ellos （　　　　　） al tenis los miércoles.

4) Camarero, ¿（　　　　　） traer la cuenta?

5) ¿Cuánto （　　　　　） los pantalones?

| entender | jugar | empezar | costar | poder |

2️⃣ 下のイラストを見て（　　　）内に当てはまる語を入れましょう。

1) El padre de mi madre es mi （　　　　　）.

2) El hermano de mi madre es mi （　　　　　） y sus hijos son mis （　　　　　）.

3) La esposa de mi tío es mi （　　　　　）.

4) Mi madre es la （　　　　） de mis （　　　　　）.

5) Los padres de mi madre son mis （　　　　　） y yo soy su （　　　　　）.

家族関係
hijo/hija
nieto/nieta

Mi familia

abuelo　abuela

padre　madre　　tío　tía

hermano　yo　hermana　prima　primo

22

3 例にならって，文を作りましょう。

Ejemplo: Marta es española. Isabel es española.　*Marta e Isabel son españolas.*

1) Carmen es inteligente. Es muy vaga.

2) Mika habla español. Mika habla inglés.

3) Alberto juega al baloncesto. No es muy alto.

4) Pedro es guapo. Su hermano es guapo.

5) No sé si puedo. No sé si no puedo.

6) No soy chino. Soy japonés.

4 例にならって，（　　　）の中に所有詞を入れましょう。

Ejemplo: Diego, ¿es (*tuyo*) este móvil negro? — No, (*el mío*) es azul.

1) Javier, ¿es (　　　) esta mochila azul? — No, (　　　) es gris.

2) Sr. Fernández, ¿es (　　　) este rotulador verde? — No, (　　　) es amarillo.

3) Paco, ¿son (　　　) estas tijeras grandes? — No, (　　　) son pequeñas.

4) Alicia y Miguel, ¿son (　　　) estos bolis negros? — No, (　　　) son rojos.

5) Sra. Sánchez, ¿son (　　　) estas gafas ? — No, (　　　) están aquí.

5 次の点線部に当てはまる商業施設を下から選んで書き入れましょう。

1) Mi padre compra el periódico en ....

2) Escribo un correo electrónico en ....

3) Compramos comida en ....

4) ¿Dónde compras medicinas? — En ....

5) ¿Dónde venden cuadernos y lápices? — En ....

> la farmacia　　el quiosco　　el supermercado　　la papelería　　el cibercafé

商業施設

fruteria　　heladería　　pastelería　　panadería　　carnicería　　pescadería

papelería　　librería　　zapatería　　peluquería

tienda de ropa　　farmacia　　quiosco　　cibercafé

mercado　　supermercado　　centro comercial　　grandes almacenes

ACTIVIDADES

💬 **1** 🎧|17| 音声を聞いて（　　　）の中の動詞を適切な形にし，ペアになって練習しましょう。

(En la librería)

Takeshi :　　　¿Cuánto (**costar**) este libro?

Dependienta: (**Ser**) 60 euros.

Takeshi:　　　Perdón, no (**entender**) mucho español. ¿(**Poder**) repetirlo?

Dependienta: Sí, claro.

2 🎧|18| 次は靴店での会話です。（　　　）内の動詞を直説法現在形にし，音声を聞いて確認しましょう。内容を把握した後，続いて聞こえる文が正しければ **V(verdadero)**に，間違っていれば **F(falso)**にチェック(☑)をつけましょう。

(En la zapatería)

Vendedor : Buenos días, ¿en qué (**poder**) ayudarle?

Yuka:　　　Buenos días. Sí, busco unos zapatos de tacón bajo.

Vendedor : ¿De qué color los (**querer**)?

Yuka:　　　Marrón.

Vendedor : ¿Qué número calza usted?

Yuka:　　　El 38.

Vendedor : ¿Qué tal le quedan?

Yuka :　　　Muy bien. Me los llevo. ¿Cuánto (**costar**)?

Vendedor : Pues son 64 euros.

Yuka:　　　¿(**Poder**) pagar con tarjeta?

Vendedor : No, lo (**sentir**), solo en efectivo.

1) V ☐　　　F ☐　　　　**2)** V ☐　　　F ☐

3) V ☐　　　F ☐　　　　**4)** V ☐　　　F ☐

靴のサイズ対応表	
36 (22.5〜23.0cm)	40 (25.0〜25.5cm)
37 (23.0〜23.5cm)	41 (25.5〜26.0cm)
38 (23.5〜24.0cm)	42 (26.0〜26.5cm)
39 (24.5〜25.0cm)	43 (27.0〜27.5cm)

3 次の文章を読み, ( )内の動詞を直説法現在形にして, 質問に答えましょう。

En España hay una gran variedad de tiendas para ir de compras. Hay almacenes, centros comerciales y boutiques elegantes. Las tiendas pequeñas como zapaterías, panaderías, fruterías, etc., (**abrir**) por la mañana de 9.00 a 14.00, y por la tarde de 17.30 a 20.30 aproximadamente. De 14.00 a 17.30 la mayoría de las tiendas están cerradas. Es la hora de comer. Mucha gente, especialmente en ciudades pequeñas, va a comer* a casa y, a veces (**dormir**) la siesta. Por otra parte, los centros comerciales (**abrir**) a las 10.00 y (**cerrar**) a las 22.00.

*va a comer: 昼ごはんを食べに行く

1) ¿A qué hora abren las tiendas pequeñas?

- -

2) ¿Dónde come la gente en ciudades pequeñas?

- -

3) ¿Cuántas horas abren los centros comerciales?

- -

4 夏休みにあなたのしたいことを3つ書きましょう。

¿Qué quieres hacer en las vacaciones de verano?

1) -

2) -

3) -

ひとくちメモ ラストロ(Rastro)

Rastro は日曜・祝日にマドリッドで開催される蚤の市のことです。たくさんの露店が並び, アンティーク, アクセサリー, 古着, 本など様々なものが売られています。"Más barato, por favor."と言って値引き交渉をしてみましょう。

Lección 7

EJERCICIOS：直説法現在—不規則活用（3），目的格人称代名詞，
　　　　　　　基数詞（101〜100.000.000）
ACTIVIDADES：人物描写，シェアアパートの生活を読む
VOCABULARIO：身体部位，容姿を表す表現

EJERCICIOS

1 （　　　　）内に当てはまる動詞を下から選んで直説法現在形にしましょう。

1) ¿De dónde （　　　　　　　） ustedes? — （　　　　　　　　） de Osaka.

2) ¿Cuántos años （　　　　　　） usted? — （　　　　　　　） diecinueve años.

3) ¿Me （　　　　　　）? — No, no te （　　　　　） bien.

4) ¿Adónde （　　　　　　） ustedes? — （　　　　　　） al supermercado.

5) Creo que tú no me （　　　　　） la verdad.

> ir　　oír　　tener　　venir　　decir

2 下線部を直接・間接目的格人称代名詞に置き換えて答えましょう。

1) ¿Esperáis a María? — Sí, ...

2) ¿Ellos compran la casa? — No, ...

3) ¿Me regalas el collar? — Sí, ...

4) ¿Escribes un correo a Raquel? — Sí, ...

5) ¿Preguntas las notas a la profesora? — Sí, ...

3 （　　）内の数字をスペイン語で書きましょう。

1) De Madrid a Granada hay （434） .... kilómetros.

2) Este diccionario tiene （547） .... páginas.

3) Ramón gana （2.095） .... euros al mes.

4) Este ordenador cuesta （60.500） .... yenes.

5) Madrid tiene unos （3.000.000） .... de habitantes.

6) El Teide tiene （3.718） .... metros de altura.

4 次のサッカープレーを下から選んで書きましょう。

1) gol de（　　　　）

2) parada con el（　　　）

3) falta por（　　　）

4) tiro con el（　　　）izquierdo

pecho　　mano　　pie　　cabeza

5 （　　　）内に当てはまる語を下から選んで書きましょう。

1) ¿Estás enfermo? Tienes mala（　　　　）.

2) Mi amiga Marina tiene los（　　　　）azules y el（　　　　）rubio.

3) El（　　　　）está entre la cabeza y el hombro.

4) La（　　　　）está en el centro de la cara.

5) ¿Qué tienes en la（　　　　）derecha?

pelo　　nariz　　cara　　cuello　　mano　　ojos

身体部位を表す語

cuerpo
cara
espalda

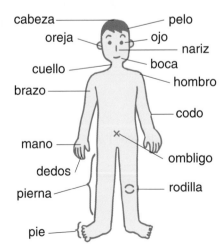

cabeza — pelo
oreja — ojo
　　　　　nariz
cuello — boca
　　　　　hombro
brazo
　　　　　codo
mano
　　　　　ombligo
dedos
pierna　　rodilla
pie

27

ACTIVIDADES

✏️ **1** 例にならって，ある人物（家族，友人，スポーツ選手など）について，名前，年齢，職業，容姿，性格などを書きましょう。（30語程度）

Ejemplo: *Mi abuela se llama Aiko Tanaka. Tiene 72 años. Es ama de casa. Es alta y tiene el pelo canoso. Lleva gafas. Es tranquila y muy simpática.*

🎧 **2** 🎧19 次の会話を聞いて練習し，次にペアになって下線部に適切な文を入れて話しましょう。

Ejemplo: Marina: ¿Cómo se llama tu hermana?

Antonio: Raquel.

Marina: ¿Cuántos años tiene?

Antonio: Tiene 24.

Marina: ¿Qué hace?

Antonio: Es modelo.

Marina: ¿Cómo es físicamente?

Antonio: Es alta y delgada. Tiene los ojos marrones y el pelo rubio.

Marina: ¿Cómo es su carácter?

Antonio: Es muy alegre, pero un poco caprichosa.

A: ¿Cómo se llama tu .... ?

B: ....

A: ¿Cuántos años tiene?

B: ....

A: ¿Qué hace? (¿A qué se dedica?)

B: ....

A: ¿Cómo es (él/ella) físicamente?

B: ....

A: ¿Cómo es su carácter?

B: ....

容姿を表す表現

Es	Tiene	Lleva
guapo/a	el pelo negro	el pelo largo
feo/a	rubio	corto
rubio/a	blanco	teñido
moreno/a	rizado	gafas
pelirrojo/a	liso	sombrero
calvo/a		camisa
alto/a	los ojos negros	gorra
bajo/a*	azules	bigote
gordo/a*	marrones	barba
delgado/a	verdes	

*形容詞 bajo/a, gordo/a は相手の感情を傷つけないように縮小辞のついた bajito/a, gordito/a を使うのが一般的。

3 [20] **Carmen**と**Juana**はアパートをシェアしています。(　　　)内の動詞を直説法現在形にしましょう。文章の内容を把握した後，音声を聞き，続いて聞こえる文が正しければ **V(verdadero)**に，間違っていれば **F(falso)**にチェック(☑)をつけましょう。

Mi amiga Juana y yo (**vivir**) juntas. Ella (**ser**) profesora de francés. (**Tener**) 28 años y (**salir**) con Mario, un chico muy guapo y simpático. Yo (**estudiar**) tercero de Informática, y (**ir**) a clase por las tardes. Por eso, normalmente (**preparar**: yo) la comida y ella (**fregar**) los platos. Los fines de semana (**hacer**: nosotros) fiestas en casa, y (**venir**) muchos amigos.

1) V ☐　　F ☐　　　　**2)** V ☐　　F ☐

3) V ☐　　F ☐　　　　**4)** V ☐　　F ☐

ひとくちメモ　**数字につけるピリオド(punto)とコンマ(coma)**

　スペインでは，日本と違って，1.000.000のように3桁ごとの区切りにピリオド(punto)を使います。一方，小数点にはコンマ(coma)を使いますので，間違えないように注意しましょう。例えば，20,5%は veinte con cinco por ciento, 1,50 euros は uno con cincuenta euros, または un euro con cincuenta と読みます。

Lección 8

EJERCICIOS：前置詞，前置詞格人称代名詞，gustar 型動詞
ACTIVIDADES：趣味や興味について話す，自己紹介を読む・書く
VOCABULARIO：交通手段

EJERCICIOS

1 （　　　）内に適切な前置詞を入れましょう。

Carla vive （　　） el centro de Madrid, pero trabaja fuera （　　） la ciudad, por eso siempre va （　　） metro （　　） la oficina. Los fines de la semana va （　　） pie （　　） todas partes porque cerca （　　） su casa hay muchas tiendas, restaurantes, cines, etc. Los domingos （　　） la mañana pasea （　　） el parque.

2 （　　　）内に適切な前置詞格人称代名詞を入れましょう（前置詞もつく場合があります）。

1) Este libro es muy difícil para （　　　）. [私]
2) ¿Puedes ir （　　　） al hospital? [私といっしょに]
   —¡Por supuesto que voy （　　　）! [君といっしょに]
3) Los estudiantes hablan mal de （　　　）. [彼女]
4) El policía pregunta por （　　　）. [君]

3 （　　　）の中に適切な間接目的格人称代名詞を入れ，下線部に **gustar** を適切な形にして書きましょう。

1) A mí （　　　） ＿＿＿＿＿ las películas de acción.
2) A los chicos （　　　） ＿＿＿＿＿ jugar con el ordenador.
3) A mis padres （　　　）＿＿＿＿＿ ir a conciertos.
4) A Pedro （　　　） ＿＿＿＿＿ mucho tocar la guitarra.
5) ¿A vosotros （　　　） ＿＿＿＿＿ salir por la noche?
6) A mi hermana no （　　　） ＿＿＿＿＿ ver la tele.

4 次の語を並べ替えて，文を作りましょう。

1) no/fútbol/mucho/gusta/me/el. ＿＿＿＿＿＿＿＿＿＿＿＿＿＿＿＿＿＿
2) ¿la/interesa/ti/literatura/te/latinoamericana/a? ＿＿＿＿＿＿＿＿＿＿＿
3) encanta/la/me/de/tortilla/patatas. ＿＿＿＿＿＿＿＿＿＿＿＿＿＿＿＿
4) a/gustan/niños/mis/les/los/amigos. ＿＿＿＿＿＿＿＿＿＿＿＿＿＿＿＿

5 （　　　）内に動詞 **ir** を適切な形にして入れ，点線部に適切な前置詞を入れましょう。

1) Pablo siempre（　　　）...... pie al colegio.

2) Mi hermano y yo（　　　）a la estación ...... bici.

3) Este verano ellos（　　　）a hacer el Camino de Santiago ...... caballo.

4) ¿（　　　: vosotros）...... avión a Inglaterra?

5) Yo（　　　）...... barco a las Islas Canarias.

交通手段（**medios de transporte**）

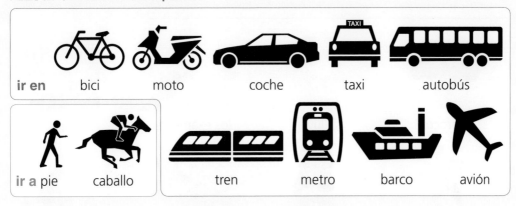

6 次の表を見て，例にならって文を完成させましょう。

	Elena	Jaime	Paloma	Miguel
ir de compras	○	×	○	○
jugar a videojuegos	×	○	×	×
navegar por internet	○	○	○	○
ver la tele	○	×	×	○
hacer senderismo	×	○	○	○
ir al cine	×	×	○	○
jugar al tenis	○	○	○	×

Ejemplo: Elena: ir de compras/jugar a videojuegos

A Elena le gusta ir de compras, pero no le gusta jugar a videojuegos.

1) Jaime: navegar por internet/ver la tele　　　　...

2) Paloma: ir al cine/jugar a videojuegos　　　　...

3) Elena y Jaime: jugar al tenis/ir al cine　　　　...

4) Paloma y Miguel: hacer senderismo/jugar a videojuegos　...

ACTIVIDADES

1 🎧 21 ペアになって，下のものがどれぐらい好きか嫌いかを話し合いましょう。

Ejemplo: A: ¿Te gusta el brócoli?

B: No, no me gusta nada.

A: ¿Te gusta/gustan ....?

B: Sí, me gusta/gustan .... / No, no me gusta/gustan ....

el brócoli	la lluvia	los exámenes	viajar
correr	leer	nadar	los perros
las películas de terror	las matemáticas	cocinar	el sushi

好き嫌いの度合い

Me encanta (×mucho) - Me gusta mucho - Me gusta - No me gusta mucho - No me gusta nada

2 🎧 **[22]** 音声を聞いて，(　　　)内に動詞を入れましょう。文章の内容を把握した後，続いて聞こえる文が正しければ **V(verdadero)** に，間違っていれば **F(falso)** にチェック(☑)をつけましょう。

Me llamo Paulo César, soy brasileño, y estudio Periodismo. Tengo veintiún años. Soy alegre y gracioso. En mi tiempo libre me gusta (　　　　　) al fútbol, ir al cine o salir con mis amigos. También me gusta (　　　　), especialmente libros de historia. Ahora (　　) español porque en el futuro quiero (　　) a España como corresponsal.

1) V ☐　　F ☐　　　**2)** V ☐　　F ☐

3) V ☐　　F ☐　　　**4)** V ☐　　F ☐

3 **Paulo**にならって，あなたのことを書きましょう。

ひとくちメモ **スペインの新幹線 AVE**

　AVE は1992年マドリード・セビーリャ間が開通し，現在はマドリードとバルセロナ，マラガ，バレンシア間などでも運行されています。"Alta Velocidad Española"(スペインの高速)の略称であるとともに，スペイン語で「鳥(ave)」を意味し，翼を広げた鳥が列車のシンボルマークになっています。

Lección 9

EJERCICIOS：再帰動詞，無人称文，時刻・日付の表現
ACTIVIDADES：日常生活，スペインとアルゼンチンの気候，メールを読む
VOCABULARIO：天候，月・季節，日常生活でよく使われる再帰動詞

EJERCICIOS

1 （　　　）内の再帰動詞を直説法現在形にして，下線部に書きましょう。

1) Yo (**ducharse**) .... por la noche.

2) ¿A qué hora (**levantarse**: tú) .... todos los días?

3) ¿Cuándo (**bañarse**: vosotros) ....?

4) Mis amigos (**llamarse**) .... Ana y Mario.

5) Nosotros (**acostarse**) .... muy tarde los fines de semana.

2 例にならって，時刻を書きましょう。

　Ejemplo: ¿Qué hora es?　→　**12:15**：*Son las doce y cuarto.*

1) 01:30　　　　　　　　　　**2)** 04:15

3) 14:45　　　　　　　　　　**4)** 09:40

5) 18:24　　　　　　　　　　**6)** 11:30

3 例にならって，日付を書きましょう。

　Ejemplo: ¿A cuántos estamos hoy?　→　**03/05**：*Estamos a tres de mayo.*

1) 01/01：...................................　　**2)** 25/12：....................................

3) 11/11：...................................　　**4)** 07/07：....................................

4 （　　　）の中の動詞を直説法現在形にしましょう。

　En el norte de España, generalmente (**llover**) mucho. (**Hacer**) frío en invierno, pero el tiempo (**ser**) fresco en verano. En el sur, (**llover**) muy poco durante todo el año y en verano (**hacer**) mucho calor.

¿Qué tiempo hace hoy?

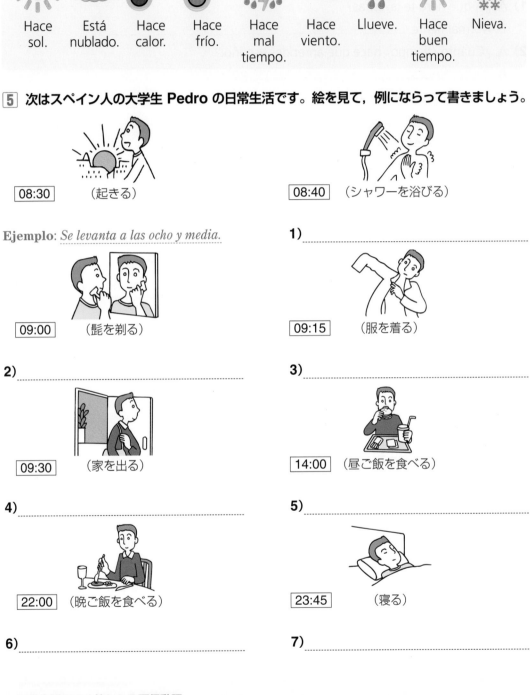

| Hace sol. | Está nublado. | Hace calor. | Hace frío. | Hace mal tiempo. | Hace viento. | Llueve. | Hace buen tiempo. | Nieva. |

5 次はスペイン人の大学生 Pedro の日常生活です。絵を見て，例にならって書きましょう。

08:30 （起きる）

08:40 （シャワーを浴びる）

Ejemplo: *Se levanta a las ocho y media.*

1) ....

09:00 （髭を剃る）

09:15 （服を着る）

2) ....

3) ....

09:30 （家を出る）

14:00 （昼ご飯を食べる）

4) ....

5) ....

22:00 （晩ご飯を食べる）

23:45 （寝る）

6) ....

7) ....

日常生活でよく使われる再帰動詞

| levantarse | despertarse | acostarse | afeitarse | lavarse | peinarse |
| pintarse | vestirse | ducharse | bañarse | ponerse | quitarse |

35

ACTIVIDADES

1 次の質問に答え，ペアになって話しましょう。

1) A: ¿A qué hora te levantas?

B: Normalmente ....

2) A: ¿Cuánto (tiempo) hace que aprendes español?

B: ....

3) A: ¿Qué tiempo hace hoy?

B: ....

4) A: ¿A cuántos estamos hoy?

B: ....

5) A: ¿Cuánto tiempo se tarda de aquí a la estación?

B: ....

2 スペインとアルゼンチンの季節の違いを下の表に書きましょう。

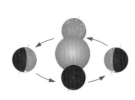

España	primavera	verano	otoño	invierno
meses				

Argentina	primavera	verano	otoño	invierno
meses				

3 由香が **Juan** に送ったメールを読んで，質問に答えましょう。

Hola, Juan, ¿qué tal? Hace tres días que Carmen y yo estamos en Argentina. Por aquí hace mucho frío porque en agosto todavía es invierno en el hemisferio sur. Así que los argentinos saben que somos turistas porque llevamos camisetas y sandalias. ¡Qué frío tengo! En estos momentos descansamos y tomamos un mate en el hotel. Pero mañana pensamos comprar ropa abrigada. Bueno, eso es todo por ahora. ¡Hasta pronto!

Un abrazo,
Yuka

mate

1) ¿Dónde están Yuka y Carmen? --
2) ¿Por qué hace frío ahora en Argentina? ------------------------------------
3) ¿Por qué los argentinos saben que son turistas? --------------------------
4) ¿Qué piensan hacer mañana? --

4 🎧 23 次はサッカー選手**Andrés**の日常生活です。音声を聞いて，（　　　）内に再帰動詞の直説法現在を入れましょう。文章の内容を把握した後，続いて聞こえる文が正しければ **V(verdadero)**に，間違っていれば **F(falso)**にチェック(☑)をつけましょう。

Normalmente (　　　　　) a las nueve de la mañana. Primero (　　　　), (　　　　) los dientes y (　　　　). Por la mañana entreno con mi equipo. Por la tarde juego con mi ordenador y, por supuesto, escucho música, porque me encantan el hip pop y la música rock. Por la noche generalmente hablo con mis amigos por WhatsApp y (　　　　) tarde.

1) V ☐　　　F ☐　　　　2) V ☐　　　F ☐

3) V ☐　　　F ☐　　　　4) V ☐　　　F ☐

5 **Andrés**にならって，あなたの日常生活について書きましょう。

Ejemplo: *Normalmente me levanto a las siete. .....*

ひとくちメモ　スペインの気候

　スペインは地方によって気候が大きく異なります。マドリッドを中心とした中央部は、昼夜で気温の差が大きく，夏は暑く冬は寒い大陸性気候です。"Nueve meses de invierno y tres de infierno(9か月の冬に3か月の地獄)"という諺はカスティーリャ地方の気候の厳しさを表しています。

Lección 10

EJERCICIOS

1 （　　　）内の動詞を命令法にしましょう。

1) （**Hacer**: tú) una fotocopia de este documento.

2) （**Salir**: vosotros) de la oficina antes de las 7.

3) （**Tener**: tú) cuidado con ese ordenador, por favor.

4) （**Ser**: vosotros) amables con los clientes.

5) （**Ir**: tú) al despacho del director.

2 例にならって書き換えましょう。

 Ejemplo: <u>Leo</u> un libro cada semana.   → *Voy a leer un libro cada semana.*

1) Teresa y Rafael <u>comen</u> en un restaurante. → ....

2) Mi madre <u>trabaja</u> los fines de semana. → ....

3) ¿<u>Vas</u> al cine el sábado? → ....

4) <u>Compro</u> una camisa negra. → ....

5) <u>Buscamos</u> una palabra en el diccionario. → ....

3 現在進行形の文にしましょう。

 Ejemplo: Miguel lava el coche.   → *Miguel está lavando el coche.*

1) Los niños juegan en el parque. → ....

2) Paco lee una novela escrita en inglés. → ....

3) Comemos un jamón excelente. → ....

4) ¿A quién esperas? → ....

5) Señores pasajeros, volamos sobre los Pirineos. → ....

4 1)〜5)のことをするには何を持って行かなければなりませんか。線で結びましょう。

1) Salgo de compras.   ·   ·   a) Tengo que llevar el pasaporte.

2) Quiero alquilar un coche.   ·   ·   b) Tengo que llevar un regalo.

3) Voy a la playa a tomar el sol.   ·   ·   c) Tengo que llevar el carné de conducir.

4) Voy de viaje al extranjero.   ·   ·   d) Tengo que llevar un protector solar.

5) Voy a una fiesta de cumpleaños. ·   ·   e) Tengo que llevar dinero o tarjeta de crédito.

5 次の場所ではどのようにしなければなりませんか。下から語句を選び，例にならって書きましょう。

Ejemplo: En una biblioteca, *hay que hablar en voz baja.*

1) En una parada de autobús, ...

2) Para pedir en un restaurante, ...

3) En un supermercado, ...

4) En las taquillas del cine, ...

5) En un coche, ...

> llamar al camarero   esperar el autobús   hacer cola
>
> ponerse el cinturón de seguridad   coger una cesta o un carrito

6 次は食品のリストです。野菜，果物，肉，海産物に分類しましょう。

> el ajo   la almeja   el calamar   la cebolla   el cerdo   la coliflor   la fresa   la gamba
> la lechuga   el lenguado   la manzana   el mejillón   el melocotón   la naranja   la patata
> el pimiento   el pepino   la pera   el plátano   el pollo   la sardina   la ternera   el tomate
> la uva   la zanahoria

野菜（verduras）	
果物（frutas）	
肉（carne）	
海産物（productos marinos）	

7 (　　　　)の中に当てはまる食品名を書きましょう。

1) Los judíos y los musulmanes no comen carne de（　　　　　）.

2) Los españoles toman doce（　　　　　）en Nochevieja.

3) Las（　　　　）son muy buenas para la vista.

4) La（　　　　）se llama "papa" en Hispanoamérica.

5) En hora punta estamos todos en el tren como（　　　　）en lata.

ACTIVIDADES

1 🎧 |24| 次はレストランでの会話です。音声を聞いて内容を確認した後，続いて聞こえる文が正しければ **V(verdadero)** に，間違っていれば **F(falso)** にチェック(☑)をつけましょう。

Camarero: Buenos días. ¿Qué van a tomar?

Fernando: Pues yo, de primero, gazpacho y, de segundo, pollo.

Marina: Para mí, ensalada mixta y, de segundo, un filete bien hecho.

Camarero: ¿Y para beber?

Fernando: Vino tinto.

Marina: Yo, agua mineral con gas.

Camarero: Muy bien, señores.

....

Camarero: ¿Qué van a tomar de postre?

Marina: Yo, fruta.

Fernando: Yo, helado de chocolate.

Camarero: ¿Van a tomar café?

Marina: Yo no.

Fernando: Yo sí, un café cortado.

....

Fernando: La cuenta, por favor.

Camarero: Aquí la tienen.

1) V ☐   F ☐   **2)** V ☐   F ☐

3) V ☐   F ☐   **4)** V ☐   F ☐

2 **1** の会話にならい，次のメニューを見て，グループになって練習しましょう。

Menú del día

Primeros: *Ensalada mixta*
Gazpacho
Sopa del día

Segundos: *Filete de ternera*
Hamburguesa con patatas fritas
Pollo en salsa

Postres: *Helado de chocolate o vainilla*
Fruta del tiempo
10,25 € IVA incluido

Camarero: ....

A: ....

B: ....

....

*IVA=Impuesto sobre el Valor Añadido

3 🎧25 武志は **Carmen** に代表的なスペイン料理の **Tortilla de patatas** の作り方を教えてもらいます。

1) ( ) の中に適切な語を下から選んで書き入れ，音声を聞いて確認しましょう。

> *Takeshi*: Quiero hacer una tortilla de patatas, ¿me ayudas?
>
> *Carmen*: Vale. Primero, tienes que ( ) las patatas y cortarlas en láminas finas.
>
> *Takeshi*: Vale, ¿y después?
>
> *Carmen*: Tienes que ( ) el aceite en la sartén y ( ) las patatas en el aceite caliente.
>
> *Takeshi*: Vale.
>
> *Carmen*: Después tienes que ( ) los huevos.
>
> *Takeshi*: ¿No tengo que ( ) un poco de sal?
>
> *Carmen*: Sí, y luego tienes que ( ) las patatas con los huevos en un cuenco y echar la mezcla en la sartén.
>
> *Takeshi*: Luego tengo que ( ) un plato sobre la sartén para dar la vuelta a la tortilla, ¿no?
>
> *Carmen*: Exacto. Y nada más. Eso es todo.

| echar | pelar | mezclar | batir | añadir | poner(2) |

2) Tortilla de patatas を作るのに必要な材料を上の会話の中から4つ選んで書きましょう。

( ) ( ) ( ) ( )

ひとくちメモ トルティーリャ(Tortilla)

　スペインでは，トルティーリャ(Tortilla)といえばジャガイモの入ったオムレツのことですが，メキシコなどの中南米では，とうもろこし(maíz)の粉を練って薄くのばして焼いたものをいいます。ちなみに，いわゆるオムレツは"Tortilla francesa"といいます。

Lección 11

EJERCICIOS

1 例にならって，次の文の動詞を直説法現在完了形にして書きましょう。

Ejemplo: Mi padre vuelve del trabajo. → *Mi padre ha vuelto del trabajo.*

1) Tengo mucha suerte. → ....

2) Vamos a la biblioteca. → ....

3) ¿Ves el Palacio Real? → ....

4) ¿Hacéis la tarea? → ....

5) Los periódicos nunca dicen la verdad. → ....

2 （　　　　）内の動詞を直説法点過去形にしましょう。

1) Los alumnos no (**estudiar**) para el examen.

2) ¿(**Escribir**) vosotros la carta al director?

3) ¿Tú (**comer**) mucho anoche? — Sí, (**comer**) y (**beber**) mucho.

4) ¿Qué te (**parecer**) la obra de teatro de ayer? — Un rollo. No me (**gustar**) nada.

5) Oye, Alberto, ¿qué tal te (**salir**) el examen de Matemáticas?

— Fatal, (**quedarse**) en blanco.

3 下の動詞を適切な形に変えて受動文を作りましょう。

1) En España se（　　　　　）cuatro idiomas.

2) En Estados Unidos se（　　　　　）español en las escuelas.

3) En España, en Nochevieja se（　　　　　）doce uvas.

4) En Argentina no se（　　　　　）la forma "vosotros".

5) Este libro está（　　　　　）en italiano.

6) España está（　　　　　）en 17 Comunidades Autónomas.

comer	escribir	usar	hablar	estudiar	dividir

42

4 下線部の語をもとの語にして書きましょう。

1) En la familia me llaman <u>Anita</u>.

2) Ayer Messi marcó un <u>golazo</u>.

3) Mi tío Marcos es un <u>hombrón</u> de casi dos metros, pero alegre como un <u>pajarillo</u>.

5 次の写真に当てはまるものを下から選んで書き入れましょう。

1) ....

2) ....

3) ....

4) ....

5) ....

6) ....

la recepción	la llave	la caja fuerte
la habitación doble	la habitación individual	el ascensor

6 （　　　　）の中に当てはまる語句を**5**から選んで書き入れましょう。

1) La (　　　　　　) está abierta las 24 horas.

2) Cuando la familia Pérez va de vacaciones, los padres duermen en una habitación
(　　　　) y su hija duerme en una habitación (　　　　).

3) El recepcionista nos da la (　　　　　) de la habitación.

4) He guardado mi pasaporte y mis billetes de avión en la (　　　　　) del hotel.

5) Tenemos que subir por las escaleras. Hoy está averiado el (　　　　　).

ACTIVIDADES

✏️ **1** 例にならって，あなた自身のしたことや身近で起こった出来事を直説法現在完了で書きましょう。

Ejemplo: **Este año**: *Este año he ido muchas veces al cine.*

Esta mañana : _____

Hoy : _____

Este fin de semana : _____

Este mes : _____

Este año : _____

2 次はスペイン現代史の重要な出来事です。（　　　）内の動詞を直説法点過去形にし，和訳しましょう。

1) La Guerra Civil (**ocurrir**) entre 1936 y 1939.

2) En 1939 (**comenzar**) la dictadura de Francisco Franco.

3) En 1975, tras la muerte del general Franco, Juan Carlos I (**subir**) al trono.

4) En 1978 se (**promulgar**) la Constitución Española.

5) España (**entrar**) en la Unión Europea en 1986.

6) En 1992 (**celebrarse**) los Juegos Olímpicos en Barcelona y la Exposición Universal en Sevilla.

7) España (**ganar**) el Mundial de Baloncesto de 2006 en Japón y el Mundial de Fútbol de 2010 en Sudáfrica.

3 🎧26 次の会話を聞いて内容を確認した後，続いて聞こえる文が正しければ **V** (**verdadero**) に，間違っていれば **F(falso)**にチェック(☑)をつけましょう。

Clara: ¡Hola, Jorge! ¿Qué tal el viaje?

Jorge: Ha sido horrible. Al principio, el vuelo ha llegado a Madrid dos horas tarde; por eso hemos perdido el avión para Málaga y hemos esperado en el aeropuerto tres horas más para tomar el siguiente.

Clara: ¡Qué mala suerte has tenido!, ¿no?

Jorge: ¡Pues eso no es todo!

Clara: ¿Qué más ha pasado?

Jorge: El tiempo ha sido muy malo, ha habido una tormenta muy fuerte y finalmente hemos tenido que estar en el hotel.

Clara: ¡Pues qué viaje!

1) V ☐   F ☐   **2)** V ☐   F ☐

3) V ☐   F ☐   **4)** V ☐   F ☐

4 🎧127 次はホテルでチェックインをする際の会話です。音声を聞いて内容を確認した後，質問に答え，次に下線部を入れ替えてペアになって練習しましょう。

Sakura: Buenas tardes. Tengo una habitación reservada.

Recepcionista: ¿A nombre de quién?

Sakura: Sakura Tanaka.

Recepcionista: Un momento, por favor. ... ¡Aquí está! Una habitación individual para dos noches, ¿verdad?

Sakura: Eso es.

Recepcionista: ¿Puede dejarme su pasaporte, por favor?

Sakura: Aquí tiene.

....

Recepcionista: Aquí tiene su pasaporte y la llave de la habitación. Es la 310.

Sakura: Gracias. ¿A qué hora hay que dejar la habitación?

Recepcionista: La hora límite de salida son las 11:30 de la mañana.

Sakura: De acuerdo. ¿A qué hora se sirve el desayuno?

Recepcionista: Entre las seis y media y las diez en el restaurante de la primera planta.

Sakura: De acuerdo. Y, por cierto, ¿dónde está el ascensor?

Recepcionista: Está ahí a la derecha.

Sakura: Muchas gracias.

1) ¿Qué tipo de habitación ha reservado Sakura? ....

2) ¿Cuántas noches va a estar en el hotel? ....

3) ¿A qué hora tiene que dejar la habitación? ....

4) ¿Dónde se sirve el desayuno? ....

ひとくちメモ **ラテンアメリカのスペイン語（１）：縮小辞**

　ラテンアメリカのスペイン語の特徴として，縮小辞の多用が挙げられます。とりわけメキシコでは縮小辞が頻繁に使われ，ahorita（←ahora）やlueguito（←luego）といったように副詞にも及んでいます。

Lección 12

EJERCICIOS

1 次の文の動詞を直説法点過去形にして書き換えましょう。

1) Anoche (**ver**: yo) una película muy divertida.

2) Ayer (**nevar**) e (**hacer**) mucho frío.

3) ¿Cuántos días (**estar**: tú) en Lima? — (**Estar**) cinco días.

4) El mes pasado mi esposo y yo (**ir**) de vacaciones al Caribe.

5) Ayer no (**tener**: yo) tiempo para escribirte.

6) El año pasado (**haber**) mucha nieve en la sierra.

7) ¿Te (**hacer**: ellos) esperar mucho? — No, nada.

8) (**Oír**: nosotros) a alguien gritar "¡Al ladrón!".

2 ( )の中に適切な不定語・否定語を入れましょう。

1) ¿Hay ( ) supermercado por aquí cerca?

— Sí, hay ( ) en la esquina.

2) Perdona, ¿hay ( ) panadería por aquí cerca?

— Pues no, no hay ( ).

3) ¿En este barrio no hay ( ) farmacia?

— Sí, sí, hay ( ) en la plaza, al lado del supermercado.

4) ¿Tiene usted ( ) que declarar?

— No, no tengo ( ) que declarar hoy.

3 次の語を並べ替えて，文を作りましょう。

1) ¿baño/al/permite/me/ir? --

2) alguien/puerta/a/oí/llamar/a/la. --

3) cóndor/vimos/sobre/un/volando/nosotros. --

4) ¿usar/diccionario/me/electrónico/tu/dejas? --

5) médico/descansar/me/unos/el/mandó/días. --

4 下から動詞を選び，例にならって直説法現在に活用させて書きましょう。

Ejemplo: Ernesto siempre va al trabajo en coche. *Nunca coge* el metro.

1) Arturo es musulmán. _____ carne de cerdo.

2) A Rafael no le gustan los ordenadores. _____ por Internet.

3) Emilio es muy tacaño. _____ a sus amigos a cenar.

4) El Sáhara es una región muy seca. _____ en el Sáhara.

llover	invitar	comer	navegar

5 次の歴史的建造物に当てはまる語を下から選んで書き入れましょう。

1) _____ **2)** _____ **3)** _____ **4)** _____

5) _____ **6)** _____ **7)** _____ **8)** _____

la mezquita	la sinagoga	el templo	el castillo/el alcázar
el palacio	la pirámide	el acueducto	la catedral

6 (　　　)の中に当てはまる語を 5 から選んで書き入れましょう。

1) La (　　　　) es el lugar de reunión de los judíos.

2) El Kinkakuji es un (　　　　) budista zen de tres pisos en el norte de Kioto.

3) Los romanos construyeron muchos (　　　　) para proporcionar agua a las ciudades.

4) Los musulmanes rezan en la (　　　　).

5) La (　　　　) del Sol se encuentra en Teotihuacán, cerca de la ciudad de México.

6) El (　　　　) Real de Madrid es la residencia oficial del rey de España.

7) La (　　　　) de Compostela es el destino de los peregrinos del Camino de Santiago.

8) El Alcázar de Segovia es un (　　　　) medieval situado en la ciudad de Segovia.

ACTIVIDADES

1 🎧 [28] 次の会話の音声を聞き，ペアになって次の会話を練習した後，下線部を入れ替えて話しましょう。

Ejemplo: A: ¿Qué hiciste el sábado?

B: Estuve en Salamanca.

A: ¿Con quién fuiste?

B: Fui con Andrés. / Fui solo/sola.

A: ¿Qué viste?

B: La Plaza Mayor, La Casa de las Conchas, La Catedral ....

A: ¿Te gustó Salamanca?

B: Sí, mucho.

2 🎧 [29] 次は由香がCarmenに送ったメールの一部です。音声を聞いて（　　　　　）内の動詞を直説法点過去形にし，続いて聞こえる質問に対する答えとして正しい方にチェック（☑）をつけましょう。

¡Hola, Carmen!

¡Cuánto tiempo sin vernos! ¿Qué tal estás?

¿Cómo (**ser**) tus vacaciones de verano? ¿Bien?

Yo (**hacer**) un pequeño viaje a Barcelona para visitar la Sagrada Familia: (**ser**) una auténtica maravilla, ¡me (**impresionar**) tanto! (**Estar**) allí tres días y (**volver**) a Madrid hace una semana. (**Ser**) un viaje fantástico, pero muy corto. ¡Qué pena!

---

1) ☐ Barcelona   ☐ Granada

2) ☐ para ver a su amiga   ☐ para visitar la Sagrada Familia

3) ☐ hace tres días   ☐ hace siete días

3 🎧 ⟨30⟩ 次は，**Antoni Gaudí** の伝記です。音声を聞いて（　　　）内の動詞を直説法点過去形にして書き入れ，内容を把握した後，質問に答えましょう。

Antoni Gaudí (**nacer**) el 25 de junio de 1852 en Reus, provincia de Tarragona. A los quince años (**publicar**) algunos dibujos en una revista escolar. En 1873 (**empezar**) los estudios de arquitectura en Barcelona y los (**terminar**) en 1878. Aquel mismo año don Eusebio Güell, un rico empresario catalán, (**descubrir**) algunos trabajos de Gaudí en la Exposición Universal de París y (**convertirse**) en su mecenas y en su amigo.

En el año 1883 (**ser**) nombrado director de las obras de la Sagrada Familia. En 1900 (**empezar**) el proyecto del parque Güell y en 1904, el de la Casa Milà (en el Paseo de Gracia de Barcelona). Desde 1915 (**dedicarse**) exclusivamente a la construcción de la Sagrada Familia.

El día 7 de junio de 1926 (**ser**) atropellado por un tranvía y (**morir**) tres días más tarde, a los 74 años de edad, sin haber terminado su obra más importante: la Sagrada Familia.

1) ¿Cuál es la fecha de nacimiento de Gaudí? ....

2) ¿En qué año terminó los estudios de arquitectura? ....

3) ¿Quién fue el mecenas de Gaudí? ....

4) ¿Cómo murió Gaudí? ....

✏ **4** **3** にならって，あなたの尊敬する歴史上の人物について書きましょう。

（¿Quién es? ¿Dónde nació y dónde murió? ¿Dónde vivió? ¿Dónde estudió? ¿Cuál fue su profesión? ¿Cómo murió?）

....

....

....

....

....

ひとくちメモ　サグラダ・ファミリア(Sagrada Familia)

　サグラダ・ファミリアはスペインの誇る建築家 Antonio(Antoni) Gaudí(1852-1926)が生涯をかけて手がけた教会です。1882年に着工しましたが，100年以上経った現在も建設中で，日本人の彫刻家も参加しています。

49

Lección 13

EJERCICIOS：直説法線過去，直説法過去完了，間接疑問文，因果関係を表す接続表現
ACTIVIDADES：スペイン史の回想を読む，子ども時代の思い出
VOCABULARIO：スポーツ

EJERCICIOS

1 (   )内の動詞を直説法線過去に活用させましょう。

1) De niña le (**gustar**) escribir. Ahora es una escritora famosa.

2) Antes (**leer**) mucho, pero últimamente prefiero jugar a videojuegos.

3) Cuando (**ser**) pequeño, no me (**gustar**) el pescado; y, sin embargo, ahora me encanta.

4) Buenos días, ¿qué (**desear**) usted?

5) (**Querer**: yo) probarme ese traje.

6) Cuando (**ser**) niño, (**jugar**) al baloncesto en las canchas del colegio.

2 (   )内の動詞を直説法点過去または線過去に活用させましょう。

1) El profesor les (**preguntar**) dónde (**vivir**).

2) Antes Lucía (**comer**) muchos dulces, pero el médico se los (**prohibir**).

3) Luis me (**preguntar**) si (**tener**: yo) novio.

4) Antes de nacer nuestro primer hijo, mi marido y yo (**ir**) mucho a conciertos.

5) Antes no me (**gustar**) las verduras. Ahora me encantan.

3 次の文や語句を並べ替えて文を作りましょう。

1) mañana es domingo/como/no tengo que ir a la Universidad

----

2) estaba nevando/Andrea no salió/porque

----

3) la lluvia/por/cancelamos la excursión

----

4) empezamos a estudiar/llegó el profesor/así que

----

5) abrí la ventana/por eso/hacía mucho calor

----

4 例にならって，2つの文をつなぎましょう。

Ejemplo: la clase acabó/llegué a la universidad

Cuando llegué a la universidad, la clase había acabado.

1) el avión se fue /llegamos al aeropuerto ....

2) puse la televisión/ya terminó el partido ....

3) entré en el cine/la película empezó ....

5 次の写真に当てはまるスポーツを下から選んで書き入れましょう。

1) ....

2) ....

3) ....

4) ....

5) ....

6) ....

7) ....

8) ....

9) ....

| ciclismo | fútbol | tenis | baloncesto | natación |
| esquí | béisbol | atletismo | voleibol | |

6 （　　　）の中に当てはまるスポーツ名を5から選んで書き入れましょう。

1) Para jugar al (　　　) necesitas una red, una raqueta y una pelota.

2) Los jugadores de (　　　) son generalmente muy altos.

3) Para practicar (　　　) se necesita una bicicleta.

4) La (　　　) se practica en una piscina.

5) El (　　　) es el deporte rey de los Juegos Olímpicos.

ACTIVIDADES

1 次はスペインの歴史を回想した文章です。（　　）内の動詞を直説法線過去形にして和訳しましょう。

1) En el siglo I, Hispania (**ser**) parte del Imperio Romano y en las ciudades la gente (**hablar**) latín.

2) En el siglo V, el Imperio Romano (**estar**) en plena decadencia y comenzaron las invasiones germánicas. En el año 467, los visigodos (**dominar**) casi toda la Península.

3) En 711, los musulmanes invadieron la Península Ibérica, y hacia el siglo X, （**ocupar**) la mayor parte de la Península. La agricultura (**estar**) muy desarrollada.

4) A finales del siglo XV, ya no (**quedar**) reinos musulmanes en la península. (**Reinar**) los Reyes Católicos: Isabel de Castilla y Fernando de Aragón.

2 ||31|| **Daniel** が子ども時代の思い出を語っています。音声を聞いて内容を確認し，質問に答えましょう。

Cuando era niño, vivía en un pueblecito cerca de Málaga. Era muy travieso y tenía el pelo rizado. Mi padre era albañil, pero no siempre tenía trabajo. Así que en casa no había mucho dinero. Sin embargo, mi hermano y yo éramos felices y no nos faltaba de nada. Pasábamos el tiempo libre jugando con los amigos: nos encantaba especialmente el baloncesto, y nos gustaba nadar en el mar. También recuerdo que muchas veces mi padre nos llevaba a pescar a un río cerca de nuestra casa.

Ahora tengo cuarenta y dos años, soy padre de familia y llevo una vida acomodada, pero mis pasatiempos favoritos todavía son los mismos que cuando era niño: el baloncesto, la natación y la pesca.

1) ¿Dónde vivía Daniel cuando era niño? --

2) ¿Cómo era Daniel? --

3) ¿Por qué en su casa no había mucho dinero? --

4) ¿Qué hacían Daniel y su hermano en su tiempo libre? --

5) ¿Qué les encantaba especialmente? --

6) ¿Adónde los llevaba su padre muchas veces? --

3 🎧 |32| スペイン人の大学生 Luisa の子ども時代の思い出です。音声を聞いて内容を確認し，続いて聞こえる文が正しければ V（verdadero）に，間違っていれば F（falso）にチェック（☑）をつけましょう。

1) V ☐　　　F ☐　　　2) V ☐　　　F ☐

3) V ☐　　　F ☐　　　4) V ☐　　　F ☐

4 ペアになって次の会話を練習しましょう。

A: ¿Cómo eras cuando eras niño/a?

B: ....

A: ¿Dónde vivías?

B: ....

A: ¿Qué hacías en tu tiempo libre?

B: ....

A: ¿A qué deportes jugabas?

B: ....

A: ¿Qué te gustaba?

B: ....

5 あなたの子ども時代の思い出を書きましょう。

....

....

....

....

....

ひとくちメモ　スペインのスポーツ

　スペインではサッカーの人気は不動ですが，バスケットボールとテニスも高い人気を誇ります。スペインにもバスケットリーグがあり，Pau Gasol など多くのNBA選手を輩出しています。また，バスク地方では Pelota vasca という伝統的な球技も盛んです。

Pelota vasca

Lección 14

EJERCICIOS

1 （　　　）内の動詞を直説法未来形にしましょう。

1) ¿Sabes cuántos años tiene el novio de Paula?

— (**Tener**) 26 o 27 años.

2) El año que viene (**viajar**: nosotros) por Europa.

— ¡Qué bien!

3) No encuentro mis gafas.

— (**Estar**) en la mesa del salón.

4) ¿Cómo va la clase de español?

— Muy bien. Estoy segura de que este año (**sacar**: yo) buenas notas.

5) ¿Ya sabes lo que vais a hacer este verano?

— Creo que (**ir**: nosotros) a Perú para visitar Machu Picchu.

6) ¿Qué tiempo (**hacer**) mañana?

— El pronóstico dice que (**subir**) las temperaturas y (**haber**) tormentas.

2 関係詞を使って，次の２つの文を１つの文にしましょう。

1) El bolso es de mi hermana. / Está sobre la mesa.

---

2) Ayer conocí a unas chicas. / Patricia vivía con ellas.

---

3) He comprado el ordenador. / Te había hablado de él.

---

3 次の文に当てはまる関係詞に○をつけましょう。

1) Ese es el profesor con (que/quien) tienes que hablar.

2) El pueblo (que/donde) nació don Francisco ya no existe.

3) Tengo una amiga (que/quien) vive en Bolivia.

4) Conozco a un chico (cuyo/cuya) madre es actriz.

5) Ahora es (donde/cuando) más tenemos que estudiar.

4 （　　　）内に当てはまる関係詞を下から選んで書きましょう。

1) La mujer con （　　　） se ha casado Roberto es una persona muy casera.

2) El petróleo, （　　　） a menudo malgastamos, se agotará pronto.

3) Antonio llegó tarde, （　　　） no le gustó a la profesora.

4) Los chicos de （　　　） te hablé van a venir a la fiesta.

5) La chica, （　　　） padres son músicos, toca muy bien el piano.

lo que	cuyos	quien	quienes	que

5 （　　　）内に当てはまる動詞を下から選んで直説法未来完了形にしましょう。

1) Mañana, a estas horas, （　　　　　　　　: nosotros) a Lima.

2) Marcos no contesta al teléfono. （　　　　　　　　） ya de la oficina.

3) Mi hija todavía no ha vuelto a casa. ¿Le （　　　　　　　　） algo?

4) No encuentro mi móvil. ¿Lo （　　　　　　　　） en el taxi?

5) Para el año 2100, los seres humanos ya （　　　　　　　　） a Marte.

pasar	ir	salir	olvidar	llegar

6 次の情報通信機器の名前を下から選んで書き入れましょう。

1) _____ 2) _____ 3) _____ 4) _____

el portátil	el móvil/el celular	el ordenador/la computadora	la tableta

Eメール関連語

internet	correo electrónico	página web	wifi
enviar	recibir	(un) mensaje	
adjuntar	descargar	(un) archivo	

dirección:　Sakura_Tanaka@gmail.com

guion bajo　　arroba　　punto com

ACTIVIDADES

💬 **1** 例にならって質問に答えた後，ペアになって練習しましょう。

Ejemplo: Claudia: ¿A qué edad te casarás?

Sakura: Me casaré a los 30 años.

1) A: ¿Qué tiempo hará mañana?

B: ....

2) A: ¿Qué cenarás esta noche?

B: ....

3) A: ¿Qué harás este fin de semana?

B: ....

4) A: ¿Qué harás al terminar la carrera?

B: ....

5) A: ¿A qué edad te casarás?

B: ....

2 🎧33 次の文章を読んで内容を把握した後，音声を聞き，続いて聞こえる文が正しければ **V（verdadero）**に，間違っていれば **F(falso)** にチェック(☑)をつけましょう。

> Me llamo Miriam Nieto, tengo 19 años y soy de Buenos Aires, la capital de Argentina. Ahora vivo sola en España y estudio Informática en la universidad. En mi país también hablamos castellano, pero usamos algunas palabras diferentes: por ejemplo, decimos *vos* en lugar de *tú*. *Vos* es una forma de tratamiento antigua que en España desapareció en el siglo XVIII, pero que se conserva todavía en algunas zonas de Sudamérica.

1) V ☐   F ☐   **2)** V ☐   F ☐

3) V ☐   F ☐   **4)** V ☐   F ☐

✏ **3** 🎧34 ラジオ番組で大学生の **Jaime** と **Elena** に20年後の生活についてインタビューしています。音声を聞いて，(　　　)内の動詞を直説法未来形にし，内容を把握した後，20年後の生活がどうなっているかあなたの意見を書き，クラスで発表しましょう。

Entrevistador:	¿Cómo crees que (**ser**) nuestra vida en 20 años?
Jaime:	Pues no sé... Imagino que los colegios e institutos (**ser**) muy diferentes. Tal vez ya no (**haber**) escuelas como hoy, sino que los chicos (**estudiar**) en casa y los profesores (**dar**) su clase por internet. Quizá los estudiantes no (**necesitar**) los libros de papel ni (**usar**) cuadernos. Solo (**tener**) ordenadores o tabletas y libros electrónicos.
Elena:	Pues yo no lo creo. Internet existe desde hace varias décadas y todavía tenemos que ir al instituto. Pero, bueno, supongo que por el cambio del clima (**hacer**) muchísimo calor en las ciudades; y sí que (**hacer**: nosotros) la compra desde casa. Entonces muchas tiendas y supermercados (**cerrar**) porque la gente solo (**comprar**) por internet.

Yo creo que
....
....
....
....
....
....

ひとくちメモ **ラテンアメリカのスペイン語(2)：vos**

　スペインとラテンアメリカのスペイン語の最も大きな違いは，vosotros を使わず ustedes を使うことです。またアルゼンチンやウルグアイ，パラグアイなどでは，tú の代わりに vos を使います。たとえば，contigo は con vos になります。

Lección 15

EJERCICIOS

1 （　　）内に当てはまる語を下から選んで書き入れ，和訳しましょう。

1) Mario mide 1,65 m y Enrique 1,76. → Mario es menos （　　　　） que Enrique.

2) En la ciudad hay muchas fábricas y muchos coches. En el campo no.

→ La ciudad está más （　　　　） que el campo.

3) Isabel tiene tres hijos y Ana también. → Isabel tiene （　　　　） hijos como Ana.

4) Paco estudia dos horas al día y Juan tres. → Juan estudia （　　　　） horas que Paco.

5) Miguel y José trabajan mucho. → Miguel trabaja （　　　　） como José.

más	contaminada	alto	tantos	tanto

2 例にしたがって，最上級の文を作りましょう。

Ejemplo: El monte Fuji / el monte / alto / Japón.

→ *El monte Fuji es el monte más alto de Japón.*

1) El Everest / la montaña / alta / el mundo → ....

2) La Corona / la marca de cerveza / famosa / México. → ....

3) El Nilo / el río / largo / África. → ....

4) Cuba / la isla / grande / el Caribe → ....

5) El tango / el baile / conocido / Argentina → ....

3 （　　）内の形容詞を絶対最上級にしましょう。

1) Estoy comiendo un jamón (bueno).　　2) El otro día me compré un sofá (cómodo).

3) Estamos comiendo una paella (rico).　　4) Ayer en una tienda vi unos zapatos (caro).

4 次の語を並べ替えて，文を作りましょう。

1) Juan/mi/el/clase/estudia/más/es/de/que. ....

2) ¿Cuál/el/deporte/es/más/en/popular/tu/país? ....

3) Madrid/de/tres/más/habitantes/tiene/de/millones. ....

4) Lola/menor/cuatro/su/que/esposo/años/es. ....

5 次の写真に当てはまる語を下から選んで書き入れましょう。

1) .... 2) .... 3) .... 4) ....

5) .... 6) .... 7) ....

8) .... 9) .... 10) ....

el mar	el lago	la playa	la montaña	la isla
el río	el volcán	el bosque	las cataratas	el desierto

6 次の文に当てはまる語を 5 から選んで書き入れましょう。

1) Las (   ) Galápagos están frente a la costa continental de Ecuador.

2) El Titicaca es el (   ) más grande de Sudamérica.

3) Cuba está situada en el (   ) Caribe.

4) El Amazonas es el (   ) más caudaloso del mundo.

5) El Popocatépetl es un (   ) activo que se encuentra en el centro de México.

6) Las (   ) de Iguazú están entre Argentina, Brasil y Paraguay.

7) El Sáhara es el (   ) más extenso del mundo.

8) El 52% de la superficie de Costa Rica está cubierta de (   ) tropical.

9) El Teide es la (   ) más alta de España.

10) En las Canarias hay (   ) de arena negra porque son islas de origen volcánico.

ACTIVIDADES

€Ə **1** 例にならって次の質問に答えた後，ペアになって練習しましょう。

Ejemplo A: ¿Prefieres la playa o la montaña? ¿Por qué?

B: *Prefiero la playa porque me gusta nadar.*

1) A : ¿Te gusta más viajar con tu familia o con tus amigos? ¿Por qué?

B : ....

2) A : ¿Prefieres viajar en verano o en invierno? ¿Por qué?

B : ....

3) A : ¿Qué medio de transporte usas más para viajar?

B : ....

4) A : ¿Cuál ha sido el viaje más caro que has hecho hasta ahora?

B : ....

5) A : ¿Cuál ha sido el mejor viaje de tu vida?

B : ....

2 🎧35 次の文章を聞いて内容を把握した後，設問に答えましょう。

Argentina es el octavo país más extenso del mundo. Puede dividirse en tres regiones geográficas diferentes: la zona de llanuras, la zona de montañas y la zona de mesetas. Las llanuras predominan en el norte y en el centro; las montañas ocupan la parte este; y las mesetas aparecen en el sur. Por este motivo, los paisajes de Argentina son muy variados: podemos encontrar bosques, praderas, junglas y también glaciares, como Perito Moreno, el glaciar más hermoso del mundo. En el norte de Argentina se ubican bosques tropicales. Allí están las Cataratas de Iguazú, situadas en la frontera de Argentina con Brasil y Paraguay. En el extremo sur del país se encuentra la ciudad de Ushuaia, que es puerta de entrada a la Antártida.

1) ¿En cuántas regiones geográficas se divide el país? ....

2) ¿Qué es el Perito Moreno? ....

3) ¿Dónde está la ciudad de Ushuaia? ....

3 〔36〕 次の文章を読んで内容を把握した後，音声を聞き，続いて聞こえる文が正しけれ
ば **V**(verdadero)に，間違っていれば **F**(falso)にチェック(☑)をつけましょう。

Madrid está situada en el centro de la Península Ibérica. Es la capital más alta de Europa. Tiene más de tres millones de habitantes. En el viejo Madrid está situada la Plaza Mayor, donde se encuentra la estatua ecuestre de Felipe III. En este recinto se celebraron corridas de toros e incluso fueron proclamados varios reyes. Pero la plaza más popular y animada de Madrid se llama la Puerta del Sol. Allí se encuentran el kilómetro 0 (cero) de las carreteras nacionales y el símbolo de la ciudad, la escultura del Oso y el Madroño.

Estatua ecuestre de Felipe III

La Puerta del Sol

Km.0

1) V ☐   F ☐   **2)** V ☐   F ☐

3) V ☐   F ☐   **4)** V ☐   F ☐

ひとくちメモ **マチュピチュ（Machu Picchu）**

　マチュピチュはペルーのクスコ地方にあるインカ期の遺跡です。ケチュア語で「老いた峰」を意味し，尖った絶壁の山々がそびえるウルバンバ渓谷の標高2,280mの頂上にあります。

Lección 16

EJERCICIOS：直説法過去未来，直説法過去未来完了，話法と時制の一致，関係詞の独立用法
ACTIVIDADES：丁寧な依頼・願望を表す表現，電話で祭りに誘う，搭乗手続きの会話
VOCABULARIO：空港用語

EJERCICIOS

1 （　　）内の動詞を直説法過去未来形にして，和訳しましょう。

1) ¿A qué hora llegaste al aeropuerto?

— No sé, (**ser**) las diez y media u once. No me acuerdo bien.

2) ¿(**Poder**) usted traerme la cuenta? — Sí, claro. Ahora mismo.

3) ¿Sabes a qué hora llega Jorge? — Me dijo que (**llegar**) a eso de las seis.

Así que probablemente vendrá dentro unos minutos.

4) ¿Cuántas personas había anoche en la fiesta? — No sé. (**Haber**) más de diez mil.

5) ¿Qué quieres ser en el futuro? — Me (**gustar**) ser cantante.

2 （　　）内の動詞を直説法過去未来完了形にして，和訳しましょう。

1) Miguel (**terminar**) los deberes para las ocho.

2) El estadio (**construirse**) antes de comenzar los juegos olímpicos.

3) ¿Por qué estaba llorando Juana? — Tal vez (**romper**) con su novio.

4) Paula me dijo que (**volver**) a casa para las siete.

3 直接話法は間接話法に，間接話法は直接話法にしましょう。

1) El profesor me dijo: — Te espero en mi despacho.

----

2) Juan me preguntó : — ¿Tienes novia?

----

3) La profesora nos preguntó: — ¿Habéis estado en el extranjero?

----

4) El policía me preguntó dónde vivía.

----

5) Ana dijo que me había llamado muchas veces.

----

4 次の文の関係詞と同じ意味を表す語句を下から選んで書きましょう。

1) Elena es (**quien** = 　　　) me lo ha dicho.

2) Los jóvenes de hoy son (**quienes** = 　　　) liderarán el futuro.

3) (**Quien** = 　　　) no ha visto Sevilla no ha visto maravilla.

> los que　　la que　　el que

5 次の画像に合う語を下から選んで書き入れましょう。

1) _____

2) _____

3) _____

4) _____

5) _____

6) _____

7) _____

8) _____

9) _____

10) _____

> sala de embarque　　mostrador de facturación　　puerta de embarque
> tarjeta de embarque　　equipaje de mano　　embarcar
> (asiento de) pasillo　　(asiento de) ventanilla　　aterrizar　　despegar

6 次の語句に関連する語を線で結びましょう。

1) Facturar el equipaje 　　・　　・ en la sala de embarque

2) Llegar a la puerta de embarque 　　・　　・ en el mostrador de embarque

3) Esperar la salida del avión 　　・　　・ al avión

4) Llevar el equipaje de mano 　　・　　・ antes de la hora de embarque

ACTIVIDADES

1 次の文の動詞を直説法過去未来形を使って書き換え，
和訳しましょう。

1) ¿Puedes casarte conmigo? ....

  和訳：..

2) ¿Puede usted decirme la hora? ....

  和訳：..

3) ¿Puede firmar aquí? ....

  和訳：..

4) Deseo un billete de ida y vuelta para Sevilla. ....

  和訳：..

5) Me encanta viajar por todo el mundo. ....

  和訳：..

2 🎧 37 由香はガルシア家にホームステイしています。音声を聞いて（　　）内の動詞を直
説法過去未来形にし，続いて聞こえる質問に対する答えとして正しい方にチェック（☑）
をつけましょう。

> *Sra. García:* ¡Dígame!
>
> *Juan:* Buenas tardes. Soy Juan Delibes. ¿(**Poder**) hablar con Yuka?
>
> *Sra. García:* Sí, espera un momento. Ahora se pone.
>
> *Juan:* ¡Hola, Yuka! ¿Qué tal? Mira, la semana que viene Carmen y yo vamos a
> Valencia para participar en la Tomatina. ¿Te (**gustar**) acompañarnos?
>
> *Yuka:* Sí, sí. ¡Por supuesto!

1) ☐ Juan   ☐ Carmen

2) ☐ para invitar al cine   ☐ para invitar a la fiesta

3) ☐ Valencia   ☐ Barcelona

3 🎧 38 次の会話を聞いて内容を把握した後，質問に答えましょう。

(*En el mostrador de embarque*)

Teresa: Buenos días. El billete, por favor.

Sr. Pérez: Sí, claro. Aquí tiene.

Teresa: Señor Pérez, viaja usted a París Charles de Gaulle, ¿verdad?

Sr. Pérez: Eso es.

Teresa: ¿Me podría mostrar su pasaporte?

Sr. Pérez: Por supuesto. Aquí está.

Teresa: Gracias. Muy bien. ¿Y tiene equipaje para facturar?

Sr. Pérez: Solo una maleta. Esta bolsa de mano la voy a llevar conmigo.

Teresa: ¿Puede poner la maleta aquí para pesarla?

Sr. Pérez: Sí, ahora mismo.

Teresa: ¿Prefiere usted pasillo o ventana?

Sr. Pérez: Preferiría pasillo.

Teresa: Muy bien, aquí tiene: puerta M65. La hora de embarque son las 12:10. Su asiento es el 7F. Buen viaje, señor Pérez.

Sr. Pérez: Muchas gracias.

1) ¿Cuántas maletas ha facturado el señor Pérez? ....

2) ¿Qué asiento prefiere? ....

3) ¿Por qué puerta embarcará? ....

ひとくちメモ **トマト祭り(La Tomatina)**

　バレンシア州ブニョル(Buñol)で毎年8月の最終水曜日に行われます。世界中から数万もの人々が集まり，トラックで運ばれてくる大量のトマトを投げ合います。午前11時から12時の1時間で，人々はトマトまみれになります。

Lección 17

EJERCICIOS

1　（　　）内に当てはまる動詞を下から選び，接続法現在形にしましょう。

1) （　　　　　　） usted más alto, por favor.

2) Me alegro de que （　　　　） el sol hoy.

3) ¡Ojalá no （　　　　） mañana!

4) Espero que usted （　　　　） en la fiesta.

5) ¿Qué queréis hacer cuando （　　　　） mayores?

| salir　　ser　　hablar　　llover　　divertirse |

2　（　　）内の動詞を適切な形にしましょう。

1) No me gusta (**llegar**) tarde.

2) No me gusta que (**llegar**: tú) tarde.

3) ¿Quieres (**venir**) al concierto conmigo? — Me encantaría.

4) ¿Quieres que (**comprar**: yo) las entradas? — ¡Estupendo!

5) Todos nosotros deseamos (**ser**) felices.

6) ¡Enhorabuena! Deseo que (**ser**: vosotros) muy felices.

3　（　　）内の動詞を接続法現在形にしましょう。4), 5)は下線部を目的格人称代名詞にして答えましょう。

1) Hace calor, voy a abrir la ventana.

　　— No, no la (**abrir**: tú), que entran muchos mosquitos.

2) Mañana tengo un examen y no he estudiado mucho.

　　— No (**preocuparse**: tú). No creo que (**suspender**: tú).

3) ¿Apago la tele? — No, no la (**apagar**: tú) todavía. Quiero ver el final.

4) ¿Tengo que decirte la verdad? — Sí, (**decir**: tú).

5) Perdone, ¿puedo probarme estos zapatos? — Sí, claro, (**probarse**: usted).

4 （　　）内の動詞を接続法現在形にした後，ペアになって練習しましょう。

1) Bueno, ya voy a acostarme. Buenas noches.

— Pues buenas noches. ¡Y que (**dormir**: tú) bien!

2) Ya es la hora. Tengo que irme al aeropuerto.

— ¡Pues cuídate mucho! ¡Y que (**tener**: tú) un buen viaje!

3) Gracias por haber venido a verme al hospital.

— ¡De nada, don Raúl! ¡Adiós! ¡Y que (**mejorarse**: usted) pronto!

4) Me voy a la discoteca.

— ¡Que (**divertirse**: tú)! ¡Pero pórtate bien!

5) Mañana vamos a una fiesta.

— ¡Pues que lo (**pasar**: vosotros) bien!

5 次の画像に合う語を下から選んで書き入れましょう。

1) _____ **2)** _____ **3)** _____

4) _____ **5)** _____ **6)** _____

el termómetro	la receta	las pastillas	el jarabe	la mascarilla	la tirita

6 次の説明に当てはまる語を **5** から選んで書きましょう。

1) Objeto eficaz para protegerse de un virus　_____

2) Instrumento que sirve para medir la temperatura　_____

3) Medicamento líquido de sabor dulce　_____

4) Documento que el médico entrega al paciente　_____

症状（Síntomas）

la fiebre　　la tos　　el dolor de cabeza/estómago/garganta

la diarrea　la gripe　el catarro　la infección　la alergia al polen

ACTIVIDADES

1 🎧39 次は空港や機内でのアナウンスです。音声を聞いて（　　）の中の動詞を接続法現在形にし，和訳しましょう。

1) Señores pasajeros con destino a Londres (**pasar**) por el control de pasaportes.

2) Señores pasajeros del vuelo número BS 12, con destino a París, (**dirigirse**) a la puerta 39. El vuelo despegará a las 10:25.

3) Por favor, señores pasajeros, (**abrocharse**) los cinturones de seguridad. (**Poner**) el respaldo de su asiento en posición vertical y no (**fumar**).

2 次は由香が病気で授業を欠席したカルメンに送ったメールです。（　　）内の動詞を接続法現在形にした後，①〜③に入る語句を下から選んで書き入れましょう。

Para:	carmen_sanchez@hotmail.com
CC:	
Asunto:	①

② _____ :

Siento mucho que no (**sentirse**: tú) bien. Te aconsejo que (**ir**) al médico. Es bueno que él te (**ver**) para que (**estar**: tú) más tranquila. No (**preocuparse**: tú). Ya verás que no es nada. Después de volver del médico, te recomiendo que (**cuidarse**), que (**dormir**) mucho y que (**comer**) bien.

③ _____ ,
Yuka

Un abrazo	¡Que te mejores pronto!	Querida Carmen

3 友人のBeatrizが不眠で困っています。彼女のために３つ助言を書きましょう。

Beatriz: Hace meses que tengo insomnio. No puedo dormir y estoy muy cansada.

Tú: Te aconsejo que ....

....

....

4 🎧40 次の会話を聞いて，質問に答えましょう。

Dr. García: Buenas tardes. Siéntese, por favor. Dígame qué le pasa.

Carmen: Pues mire, doctor, me duele la garganta y toso mucho.

Dr. García: ¿Y tiene fiebre?

Carmen: Sí, un poco. Tengo 37,5 grados.

Dr. García: ¿Ha estado últimamente en lugares muy concurridos, con mucha gente?

Carmen: No, doctor. Desde que teletrabajo, salgo muy poco de casa.

Dr. García: Vamos a ver. Quítese la mascarilla, por favor. Ahora abra la boca y saque la lengua. ... Bueno, no es nada grave. Creo que tiene un poco de catarro. ¿Es usted alérgica a algún medicamento?

Carmen: Creo que no.

Dr. García: Entonces le voy a recetar unas pastillas para el dolor de garganta y un jarabe para la tos. Tome una pastilla y una cucharada de jarabe cada ocho horas.

Carmen: Muy bien, doctor.

Dr. García: Cuídese. Y vuelva la semana que viene.

Carmen: De acuerdo. Muchas gracias.

1) ¿Qué le duele a Carmen? ....

2) ¿Cuánta fiebre tiene? ....

3) ¿Qué enfermedad tiene? ....

4) ¿Qué tiene que hacer? ....

ひとくちメモ スペインの医療制度

　スペインでは保健医療制度によって，スペイン全土に保健センター（centro de salud）と病院（hospital）があります。保健センターでは一次医療，病院では専門医療サービスが提供されています。保健センターの医師の指示によって，病院での診療を受けることになります。

Lección 18

EJERCICIOS

1 （　　　）内の動詞を接続法現在完了形にして，和訳しましょう。

1) ¡Qué bien he dormido! ¡Como un tronco!

   — Me alegro de que (**descansar**: tú) bien.

2) No creo que Elena (**vivir**) en París. No sabe nada de francés.

3) ¡Qué pena que (**morir**) Pepito! ¡Era un perro tan bueno!

4) Dudo que tú (**ver**) a Luis, porque está en Argentina de vacaciones.

5) No es verdad que mis padres (**estar**) en Paraguay. Han estado en Uruguay.

2 （　　　）内の動詞を接続法過去形にして，和訳しましょう。

1) Me alegré mucho de que España (**ganar**) el Mundial de fútbol.

2) De pequeña yo quería ser veterinaria, pero mis padres deseaban que (**ser**: yo) maestra.

3) ¿Estás libre esta noche? Es que me gustaría que (**cenar**: nosotros) juntos.

4) Le pedí que (**casarse**) conmigo... ¡y me dijo que sí!

5) Disculpe, señor. (**Querer**) pedirle un favor.

3 （　　　）内の動詞を接続法過去完了形にして，和訳しましょう。

1) No imaginaba que (**estar**: tú) enfermo.

2) Sentí mucho que no (**venir**: vosotros) a mi fiesta.

3) Mis padres se alegraron mucho de que mi hermano ya (**acabar**) la carrera.

4) En nuestra clase no había nadie que (**viajar**) por Latinoamérica.

5) Yo no pensaba que él (**poder**) hacerlo sin tu ayuda.

4 （　　）内に **si** または **aunque** を入れ，和訳しましょう。

1) （　　　　　　　） llueve mañana, nos quedamos en casa.

2) （　　　　　　　） llueva mañana, yo voy a la playa.

3) （　　　　　　　） no estudié mucho, aprobé el examen.

4) （　　　　　　　） no estudias, no aprobarás el examen.

5) （　　　　　　　） me tocara la lotería, me compraría un yate.

6) （　　　　　　　） me tocara la lotería, no dejaría de trabajar.

7) （　　　　　　　） hubieras estudiado más, habrías aprobado el examen.

8) （　　　　　　　） hubieras estudiado mucho, no habrías aprobado el examen.

5 （　　）内に当てはまる語を下から選んで書き入れましょう。

1) Estoy nervioso porque tengo una （　　　　　　） de trabajo.

2) Mi abuelo no trabaja ahora porque está （　　　　　）.

3) Jaime tiene una empresa de informática con más de 50 （　　　　　）.

4) El （　　　　） de este trabajo es de unos 3.000 euros al mes.

5) Voy a enviar mi （　　　　　） a varias empresas.

6) En España la tasa de （　　　　　） juvenil es del 40,7 por ciento.

jubilado	desempleo	entrevista	sueldo	empleados	currículum

6 次の仕事内容と職業名を線で結びましょう。

1) Es quien peina y corta el pelo.　·　　　·　mecánico/a

2) Trabajo en un hospital. Cuido a los enfermos.　·　　　·　veterinario/a

3) Trabajo en un hotel. Atiendo a los clientes que llegan.　·　　　·　peluquero/a

4) Es una persona que cura animales.　·　　　·　recepcionista

5) Yo arreglo coches estropeados.　·　　　·　fontanero/a

6) Alguien que repara instalaciones de agua y calefacción.　·　　　·　enfermero/a

ACTIVIDADES

1 例にならって次の質問に答えた後，ペアになって話しましょう。

> **Ejemplo:** ¿Qué vas a hacer este domingo?
>
> —Si *tengo tiempo, voy a visitar el museo.*

1) ¿Qué vas a hacer este verano?

— Si ....

2) ¿Vas a salir este fin de semana?

— Depende. Si ....

3) ¿Qué harás si no encuentras trabajo?

— Si ....

4) Si pudieras viajar al pasado, ¿a qué personaje histórico te gustaría conocer?

— Si ....

5) ¿Qué harías si te tocara la lotería?

— Si ....

2 次のインターネットの求人案内を読んで，1)～5)の文の内容が正しければ
V(**verdadero**)に，間違っていれば F(**falso**)にチェック(☑)をつけましょう。

OFERTA DE TRABAJO

SE BUSCA RECEPCIONISTA

Necesitamos recepcionista para hotel de lujo en Madrid. Se
valoran conocimientos de turismo. Es necesario hablar inglés,
español y francés. Experiencia mínima en el puesto de 1 año.
Jornada completa en horario de tarde: 15:00-23:00 horas.
Sueldo según convenio. Las personas interesadas deberán enviar el currículum vitae a la
siguiente dirección: administracion@hoteles.es

---

1) No es necesario tener experiencia.   V ☐   F ☐

2) Se considera importante tener conocimientos de turismo.   V ☐   F ☐

3) Hay que hablar varios idiomas.   V ☐   F ☐

4) No es necesario trabajar ocho horas.   V ☐   F ☐

5) Hay que enviar el currículum por correo electrónico.   V ☐   F ☐

3 🎧41 スペイン人の大学生 Javier López の話です。音声を聞いて（　　　）の中に適切な語を書き入れた後，質問に答えましょう。

¡Hola! Me llamo Javier López. Vivo con mis padres, (　　　　　) me gustaría vivir solo.

Termino la carrera de periodismo este año y no sé bien (　　　　　) voy a hacer después. Quería ser periodista, pero aquí en España, resulta cada vez más difícil, especialmente (　　　　) no tenemos experiencia. Y la verdad es que no encuentro ningún otro trabajo que me (　　　　), pero en algo tengo que trabajar. Así que mañana voy a una entrevista de una empresa inmobiliaria, y ahora estoy un poco nervioso.

1) ¿Javier ya ha encontrado trabajo?　..

2) ¿A qué quería dedicarse al terminar la carrera?　..

3) ¿Por qué está un poco nervioso ahora?　..

4 🎧42 Javier が昨日の就職面接の様子を話しています。音声を聞いて，次の文章の（　　）の中の動詞を接続法過去形にし，内容を把握した後，続いて聞こえる文が正しければ V(verdadero)に，間違っていれば F(falso)にチェック(☑)をつけましょう。

Ayer tuve una entrevista de trabajo. Llegué 10 minutos antes de la hora a la que me citaron, y una secretaria me dijo que (**sentarse**) en la sala de espera. Después de quince minutos, se abrió una puerta: alguien salió y la secretaria me dijo que (**entrar**). Me recibió un hombre que era alto y delgado, llevaba un traje negro y una corbata azul. Tenía en sus manos mi currículum.

1) V ☐　　F ☐　　　　**2)** V ☐　　F ☐

3) V ☐　　F ☐　　　　**4)** V ☐　　F ☐

ひとくちメモ　スペインの就職事情

　スペインでは，日本のように就職活動の期間はありませんが，実務経験が重視されるため，在学中にインターン(práctica)をする学生が多くいます。就職事情は非常に厳しく，EUの統計によると，2020年12月時点でスペインの失業率は16.2%，25歳以下の若年層の失業率は40.7%に上っています。

文法のポイント

Lección 1

❶ 母音

1 単母音 ：a, e, o, i, u の5つ。a, e, o を**強母音**，i, u を**弱母音**という。

2 二重母音 ：a)強母音＋弱母音，b)弱母音＋強母音，c)弱母音＋弱母音

3 三重母音 ：弱母音＋強母音(a, e)＋弱母音

❷ 子音 : **b**, **c**, **ch**, **d**, **f**, **g**, **h**, **i**, **j**, **k**, **l**, **ll**, **m**, **n**, **ñ**, **p**, **q**, **r**, **rr**, **s**, **t**, **u**, **v**, **w**, **x**, **y**, **z**

二重子音 : **pl**, **pr** : **bl**, **br** : **fl**, **fr** : **cl**, **cr** : **gl**, **gr** : **tr** : **dr**

❸ 音節の分け方

1) 母音の間にある１つの子音は後ろの母音につく。 ca-sa

2) 母音間に子音が２つあるときは，前と後ろの母音に分かれてつく。 cos-ta

3) 母音間に子音が３つあるときは，前の２つは前の母音につき，後ろの１つは後ろの母音につく。 ins-tan-te

4) 母音が２つ並ぶ場合であっても，強母音が２つ連続する場合や弱母音にアクセント符号が付く場合(í, ú)は，２つに分かれて別々の音節を作る。 le-er　pa-ís

❹ アクセントの位置

1) 母音または **-n**, **-s** で終わる語は後ろから2番目の音節にアクセントがある。 ca-sa　　jo-ven

2) **-n**, **-s** 以外の子音で終わる語は最後の音節にアクセントがある。 pro-fe-sor

3) アクセント符号がついた音節はその音節にアクセントがある。 ca-fé

❺ 基数詞 (0〜10)

0	**cero**								
1	**uno**	2	**dos**	3	**tres**	4	**cuatro**	5	**cinco**
6	**seis**	7	**siete**	8	**ocho**	9	**nueve**	10	**diez**

Lección 2

❶ 名詞の性：すべての名詞は文法上の性を持ち，男性名詞と女性名詞に分類される。

1） 生物の性と名詞の性は一致する。男性：hombre　padre　　女性：mujer　madre

2） その他の名詞は語尾によって区別する。

　　a. **-o** で終わる語は男性名詞　　vino　　queso

　　b. **-a** で終わる語は女性名詞　　casa　　mesa

　　c. **-ción**, **-sión**, **-dad**, **-tad** で終わる語は女性名詞

　　　estación　　televisión　　universidad　　libertad

　　d. 語尾 **o/a** の例外の名詞

　　　男性：día　mapa　sofá　problema　　女性：mano　foto　moto　radio

3） **-ante**, **-(i)ente**, **-ista** で終わる語は男女同形。estudiante　paciente　tenista

4） 女性形の作り方：italian**o** → italian**a**　español → español**a**

❷ 名詞の数：大部分の名詞には，単数と複数がある。

◆複数形の作り方

　　a. 母音で終わる語には **-s** をつける。　　libro → libro**s**　　mesa → mesa**s**

　　b. 子音で終わる語には **-es** をつける。　　flor → flor**es**　　árbol → árbol**es**

　　c. 最後の音節にアクセントがなく，語尾が **-s** で終わる語は単複同形。lunes

　　d. **-z**で終わる語は **z** を **c** に変えて **-ces** にする。lápi**z** → lápi**ces**

❸ 冠詞

不定冠詞

	単数	複数
男性	**un**	**unos**
女性	**una**	**unas**

定冠詞

	単数	複数
男性	**el**	**los**
女性	**la**	**las**
中性	**lo**	

❹ 形容詞：一般に名詞の後ろに置き，修飾する名詞の性・数に応じて語尾変化をする。

1　形容詞の語尾変化

　　1） **-o** で終わる形容詞は性・数の変化をする。blanc**o**-blanc**a**-blanco**s**-blanc**as**

　　2） **-o** 以外の母音で終わる形容詞は数変化のみで，**-s** をつける。verd**e**-verde**s**

　　3） 子音で終わる形容詞は数変化のみで，**-es** をつける。difícil-difícil**es**

2　形容詞の位置

　　1） 原則として名詞の後ろに置かれる。　el libro *interesante*

　　2） **bueno**, **malo** は一般に名詞の前に置く。男性単数名詞の前では **buen**, **mal** になる。

　　　un *buen* hombre　un *mal* ejemplo

　　3） **grande** は単数名詞の前で **gran** になる。　un *gran* hombre　una *gran* escritora

Lección 3

❶ 肯定文：主語と述語からなる。主語になるのは名詞または代名詞で，述語の中心になるのは動詞である。　　　Juan habla inglés.

❷ 主格人称代名詞：主語になる代名詞

	単数	複数
1人称	yo	nosotros, nosotras
2人称	tú	vosotros, vosotras
3人称	él ella usted	ellos ellas ustedes

❸ 直説法現在―規則活用

hablar		comer		vivir	
hablo	hablamos	como	comemos	vivo	vivimos
hablas	habláis	comes	coméis	vives	vivís
habla	hablan	come	comen	vive	viven

❹ 否定文：否定の副詞 **no** を動詞の前に置く。　*No* hablo alemán.

❺ 疑問文：「¿動詞＋主語?」または「¿主語＋動詞?」の語順をとる。肯定の場合は **Sí,** 否定の場合は **No** で答える。

¿Habla usted español? — *Sí*, hablo un poco de español.

No, no hablo español.

❻ 目的語と前置詞 a：直接目的語が特定の人の場合，前置詞 **a** が必要。

Busco *a* la señora Fernández.

❼ 基数詞（11～100）

11	**once**	12	**doce**	13	**trece**	14	**catorce**	15	**quince**
16	**dieciséis**	17	**diecisiete**	18	**dieciocho**	19	**diecinueve**	20	**veinte**
21	**veintiuno**	22	**veintidós**	23	**veintitrés**	24	**veinticuatro**	...	
30	**treinta**	40	**cuarenta**	50	**cincuenta**	60	**sesenta**	70	**setenta**
80	**ochenta**	90	**noventa**	100	**cien(ciento)**				

Lección 4

① ser と estar の直説法現在

ser			estar	
soy	somos		estoy	estamos
eres	sois		estás	estáis
es	son		está	están

1 serの用法

1) ser＋名詞：主語の名前，身分，職業，国籍を表す。　　Hola, *soy* Ana.

2) ser＋形容詞：主語の形状，性質を表す（形容詞は主語の性・数に一致する）。

　　　　　　　　　　　　　　　　　　　　　　　　　　　Felipe *es* alto.

3) ser＋de＋名詞：主語の出身，材料，所有を表す。　　*Soy* de Osaka, Japón.

4) ser＋場所・時の副詞：事柄の起こる場所・時を表す。　El examen *es* en el aula 5.

2 estarの用法

1) estar＋場所を表す副詞(句)：特定の人や物の存在を表す。

　　Paula y Teresa *están* en México.

2) estar＋形容詞・副詞：主語の状態を表す（形容詞は主語の性・数に一致する）。

　　Estoy un poco cansada.

② hay：動詞 haber の3人称単数形で，不特定の（聞き手に対して初めて話題にする）人や物の
存在の有無を表す。

　　Hay un pájaro en el árbol.

　　No *hay* leche en la nevera.

③ 前置詞 a, de ＋定冠詞 el

　　El avión llega *al* aeropuerto de Barajas a las diez.

　　El museo está cerca *del* parque.

④ 疑問詞：qué，quién, dónde, adónde, cuándo, cómo, cuánto, cuál

疑問詞を用いる疑問文は，《¿疑問詞＋動詞＋主語？》の語順をとる。ただし，前置詞は疑問詞
の前に置く。

　　¿*Qué* es Juan? — Es bombero.

　　¿De *qué* es la camisa? — Es de algodón.

Lección 5

❶ 直説法現在—不規則活用（1）：1人称単数のみ不規則な動詞

1） **-go**で終わる動詞

hacer：**hago**　haces　hace　hacemos　hacéis　hacen

同類の動詞　poner　salir　traer　caer

2） **-zco**で終わる動詞（母音＋**-cer**, **-cir**）

conocer：conozco　conoces　conoce　conocemos　conocéis　conocen

同類の動詞　agradecer　conducir　traducir

3） その他

dar ：doy　das　da　damos　dais　dan

saber：sé　sabes　sabe　sabemos　sabéis　saben

ver ：veo　ves　ve　vemos　veis　ven

❷ 指示詞

1　指示形容詞

	単数	複数	単数	複数	単数	複数
男性	este	estos	ese	esos	aquel	aquellos
女性	esta	estas	esa	esas	aquella	aquellas

2　指示代名詞

	単数	複数	単数	複数	単数	複数
男性	este	estos	ese	esos	aquel	aquello
女性	esta	estas	esa	esas	aquella	aquellas
中性	esto		eso		aquello	

❸ -mente の副詞…形容詞に -mente をつけると副詞になる。

1） **-o** で終わる形容詞は，**-o** を **-a** に変えて **-mente** をつける。claro → claramente

2） **-o** 以外で終わる形容詞には，そのまま **-mente** をつける。 fácil → fácilmente

❹ 感嘆文…文の前後に感嘆符（¡ !）をつける。一般に疑問詞 **qué** が文頭に用いられる。

¡*Qué* guapa es Diana!

❺ 序数詞

primero	segundo	tercero	cuarto	quinto
sexto	séptimo	octavo	noveno	décimo

Lección 6

❶ 直説法現在─不規則活用(2)：語幹母音変化動詞

1) **e → ie**　　　　2) **o → ue**　　　　3) **e → i**　　　　4) **u → ue**

qu**e**rer　　　　　　p**o**der　　　　　　　p**e**dir　　　　　　　j**u**gar

qu**ie**ro qu**e**remos
qu**ie**res qu**e**réis
qu**ie**re qu**ie**ren

p**ue**do p**o**demos
p**ue**des p**o**déis
p**ue**de p**ue**den

p**i**do p**e**dimos
p**i**des p**e**dís
p**i**de p**i**den

j**ue**go j**u**gamos
j**ue**gas j**u**gáis
j**ue**ga j**ue**gan

❷ 接続詞

1　y(e), o(u)

1) 接続詞 **y** は **i-**, **hi-** で始まる語の前で **e** に変わる。

Juan *y* María son españoles.　　Lucía *e* Isabel son madre *e* hija.

2) 接続詞 **o** は **o-**, **ho-** で始まる語の前で **u** に変わる。

¿Qué quieres, café *o* té?　　Ana trabaja siete *u* ocho horas al día.

2　pero, no ... sino

Soy alemán, *pero* vivo en Suiza.　　*No* soy español *sino* boliviano.

3　従属節を導く接続詞

1) 平叙文を従属節にするには，接続詞 **que** で導く。Creo *que* Lucía y Pablo son hermanos.

2) 疑問詞のない疑問文を従属節にするには，接続詞 **si** で導く。　　No sé *si* esto es verdad.

❸ 所有詞

1　所有形容詞前置形…名詞の前に置かれ，常に形容詞として働く。修飾する名詞に合わせて性数変化する。

mi (mis)	nuestro (-a, -os, -as)
tu (tus)	vuestro (-a, -os, -as)
su (sus)	su (sus)

Este es *mi* amigo Fernando.

2　所有形容詞後置形…名詞の後，または動詞 **ser** の補語となり，性数変化する。

mío (-a, -os, -as)	nuestro (-a, -os, -as)
tuyo (-a, -os, -as)	vuestro (-a, -os, -as)
suyo (-a, -os, -as)	suyo (-a, -os, -as)

Un amigo *mío* quiere vender su coche.　　Esta maleta no es *mía*.

3　所有代名詞…同じ名詞を繰り返さないために《定冠詞＋所有形容詞後置形》の形で用いられ，前出の名詞に合わせて性数変化する。　Mi moto y *la tuya* son muy parecidas.

Lección 7

❶ 直説法現在―不規則活用（3）

1　1人称・2人称以外は不規則な動詞

tener		venir		decir		oír	
tengo	tenemos	vengo	venimos	digo	decimos	oigo	oímos
tienes	tenéis	vienes	venís	dices	decís	oyes	oís
tiene	tienen	viene	vienen	dice	dicen	oye	oyen

2　完全不規則動詞

ir	
voy	vamos
vas	vais
va	van

❷ 目的格人称代名詞

1　直接目的格人称代名詞

人称	単数		複数	
1	**me**	私を	**nos**	私たちを
2	**te**	君を	**os**	君たちを
3	**lo**	彼を・あなたを・それを（男性）	**los**	彼らを・あなたがたを・それらを
	la	彼女を・あなたを・それを（女性）	**las**	彼女らを・あなたがたを・それらを
	lo	そのことを（中性）	—	

2　間接目的格人称代名詞

人称	単数		複数	
1	**me**	私に	**nos**	私たちに
2	**te**	君に	**os**	君たちに
3	**le**	彼に・彼女に・あなたに	**les**	彼らに・彼女らに・あなたがたに

❸ 基数詞（101～100.000.000）

101	**ciento uno**	110	**ciento diez**	200	**doscientos**	300	**trescientos**
400	**cuatrocientos**	500	**quinientos**	600	**seiscientos**	700	**setecientos**
800	**ochocientos**	900	**novecientos**	1.000	**mil**	1.001	**mil uno**
2.000	**dos mil**	10.000	**diez mil**	100.000	**cien mil**	200.000	**doscientos mil**
1.000.000	**un millón**	10.000.000	**diez millones**	100.000.000	**cien millones**		

Lección 8

❶ 前置詞

1) a : Esperamos *a* María.　¿Le traigo *a* usted un café?
　　　　El tren llega *a* la estación *a* las once.

2) en : Ahora Takashi vive *en* México.　Juan va a Ecuador *en* agosto.
　　　　Vamos *en* coche.

3) de : La hermana *de* Pedro es Juana.　Mario es *de* Argentina.
　　　　Estos juguetes son *de* Jaime.　La mesa es *de* madera.
　　　　Vamos *de* París *a* Londres en avión.

4) desde : *Desde* mi casa veo el mar.　Estoy en Lima *desde* el mes pasado.

5) hasta : Vamos *desde* Madrid *hasta* Toledo en tren.

6) por : Quiero viajar *por* Latinoamérica.　Federico estudia *por* la mañana.

7) para : Trabajamos *para* vivir.　Mañana mis tíos salen *para* Argentina.

8) con : Voy al concierto *con* Pablo.　Los japoneses comen *con* palillos.

❷ 前置詞格人称代名詞

人称	単数	複数
1	**mí**	**nosotros, nosotras**
2	**ti**	**vosotros, vosotras**
3	**él, ella, usted**	**ellos, ellas, ustedes**

▶前置詞 **con** の後では，1人称単数形 **mí** と2人称単数形 **ti** は **conmigo**，**contigo** にする。

❸ gustar型動詞

1　動詞 gustar：「間接目的格人称代名詞(A)＋**gustar**＋主語(B)」の語順になる。

間接目的語	間接目的格人称代名詞(A)	gustar	主語(B)
(A mí)	me		la música.
(A ti)	te	*gusta*	bailar.
(A él/ella/usted)（A María）	le		
(A nosotros)	nos		
(A vosotros)	os	*gustan*	los perros.
(A ellos/ellas/ustedes)（A mis padres）	les		

2　同類の動詞：apetecer, doler, encantar, interesar, parecerなど。

Lección 9

① **再帰動詞**…主語と目的格人称代名詞が同一の人や物を表す動詞を再帰動詞という。また，その代名詞を特に再帰代名詞という。

1 活用

levantarse

me levanto	**nos** levantamos
te levantas	**os** levantáis
se levanta	**se** levantan

2 用法

1） 直接再帰：Ana siempre *se mira* en el espejo.

2） 間接再帰：*Me lavo* las manos antes de comer.

3） 相互再帰：José y Carmen *se quieren* mucho.

4） 強意・転移：Mañana *me voy* de aquí.

② **無人称文**

1 不特定主語文

1） **se＋動詞の3人称単数形**…「人は〜する」と一般的なことがらを述べる場合に用いられる。

Se come bien en este restaurante.

2） **動詞の3人称複数形**…話し手と聞き手以外の不特定の人を表す。

Dicen que mañana no hay clase.

2 無主語文

1） 自然現象を表す動詞：llover, nevar, amanecer, anochecerなど

Llueve mucho en junio.

2） 天候を表す **hacer**, **estar**, **hay**

¿Qué tiempo *hace* hoy? — *Hace* buen tiempo.

　　　　　　　　　　　　— *Está* nublado.

　　　　　　　　　　　　— *Hay* niebla.

3） 時の経過を表す **hacer**　　*Hace* seis meses que aprendo español.

4） 時刻を表す **ser**

¿Qué hora *es*? — *Es* la una.

　　　　　　　— *Son* las dos en punto.

③ **曜日・日付の表現**

1） 曜日: ¿Qué día (de la semana) es hoy? — Hoy es martes.

2） 日付: ¿A cuántos estamos hoy? — Estamos a uno (primero) de julio.

Lección 10

❶ 命令法

1）túと**vosotros**に対する肯定命令に用いられる。

	hablar	**comer**	**vivir**
tú	habla	come	vive
vosotros	hablad	comed	vivid

2）túに対する不規則な命令法

poner → **pon**	tener → **ten**	venir → **ven**	salir → **sal**
hacer → **haz**	decir → **di**	ir → **ve**	ser → **sé**

❷ 不定詞の用法

1） 名詞として主語，目的語，補語になる。　　*Caminar* es bueno para la salud.

2）al + 不定詞：「～する・した時」を表す。　　Al *volver* a casa, te llamo.

3） 命令：立て札，看板など　　　　　　　　　No *fumar*.

4） 動詞＋前置詞＋不定詞：**ir a** + 不定詞，**empezar a** + 不定詞，**acabar de** + 不定詞

5）〈**hay que** + 不定詞〉は一般的な義務を表し，〈**tener que** + 不定詞〉と〈**deber** + 不定詞〉は特定の人の義務を表す。

❸ 現在分詞

habl**ar** → habl**ando**	com**er** → com**iendo**	viv**ir** → viv**iendo**

1）《**estar** + 現在分詞》で進行・継続を表す。

　　¿Qué *estás haciendo*? — *Estoy esperando* a mi amigo.

2） 副詞的に働き，「…ながら」を表す。José estudia *escuchando* música.

❹ 過去分詞

1 規則形：不定詞の語尾 **-ar** を **-ado** に，**-er,-ir** を **-ido** にして作る。

hablar	comer	vivir
hablado	**comido**	**vivido**

2 不規則形

abrir → **abierto**	cubrir → **cubierto**	decir → **dicho**	
escribir → **escrito**	hacer → **hecho**	morir → **muerto**	
poner → **puesto**	romper → **roto**	ver → **visto**	volver → **vuelto**

3 用法：形容詞として名詞を修飾する。　　Tengo un libro *escrito* en español.
　　　　主語の補語になる。　　　　　　　Las tiendas están *abiertas*.

Lección 11

❶ 直説法現在完了

1 活用（haberの直説法現在＋過去分詞）

he	hemos	
has	habéis	+
ha	han	

hablado
comido
vivido

▶完了形の過去分詞は性・数変化をしない。

2 用法

1）現在までに完了した行為・出来事を表す。 *He perdido* mi pasaporte.

2）まだ終了していない期間内(今日，今月，今年など)に起こった事柄を表す。

Este año *ha llovido* mucho.

3）現在までの経験を表す。 Mis padres *han viajado* a México tres veces.

❷ 直説法点過去(単純過去)―規則活用

1 活用

hablar

hablé	hablamos
hablaste	hablasteis
habló	hablaron

comer

comí	comimos
comiste	comisteis
comió	comieron

vivir

viví	vivimos
viviste	vivisteis
vivió	vivieron

2 用法

1）過去のある時点において「何をしたか，何が起こったか」を表す。

Ayer *visité* el Museo Guggenheim de Bilbao.

2）過去のある一定期間に起こったことをすでに終わったこととして表す。

Mis tíos *vivieron* **diez años** en Argentina.

❸ 受動文

1 ser 受動文：主語＋**ser**＋過去分詞（＋**por**＋行為者） El rey *es respetado* por todos.

2 再帰受動文：《**se**＋他動詞の３人称》，主語が事物の場合に用いられる。

Este edificio *se construyó* hace diez años.

3 estar＋他動詞の過去分詞：ある行為の結果としての状態を表す。

El pueblo *está rodeado* de murallas.

❹ 縮小辞と増大辞

1 縮小辞…名詞・形容詞・副詞の語尾につけて，小ささや親愛の意味を添える。perr*ito*

2 増大辞…名詞・形容詞の語尾につけて，大きさを表す。 hombr*ón*

84

Lección 12

❶ 直説法点過去（単純過去）—不規則活用

1)　tener

tuve	tuvimos
tuviste	tuvisteis
tuvo	tuvieron

2)　venir

vine	vinimos
viniste	vinisteis
vino	vinieron

3)　decir

dije	dijimos
dijiste	dijisteis
dijo	dijeron

4)　語幹母音変化動詞(-ir動詞のみ)：3人称単数で語幹母音が **e→i, o→u** に変化する。

sentir

sentí	sentimos
sentiste	sentisteis
sintió	sintieron

pedir

pedí	pedimos
pediste	pedisteis
pidió	pidieron

dormir

dormí	dormimos
dormiste	dormisteis
durmió	durmieron

5)　完全不規則動詞

dar :	di	diste	dio	dimos	disteis	dieron
ver :	vi	viste	vio	vimos	visteis	vieron
ser :	fui	fuiste	fue	fuimos	fuisteis	fueron
ir :	fui	fuiste	fue	fuimos	fuisteis	fueron

❷ 知覚・使役・放任・命令・許可の動詞

1) 知覚動詞（**ver, oír**）＋不定詞／現在分詞　　Ayer vi a Marta *salir* del hospital.

2) 使役動詞（**hacer**）· 放任動詞（**dejar**）＋不定詞

　　El profesor nos *hizo memorizar* el poema.

3) 命令・許可の動詞（**mandar, ordenar, permitir**）＋不定詞

　　Felipe II *mandó construir* el Monasterio de El Escorial.

❸ 不定語と否定語：否定語が動詞の前に置かれると **no** は不要になる。

1) **algo ⇔ nada**　　¿Hay *algo* en la nevera? — No, no hay *nada*.

2) **alguien ⇔ nadie**　　¿Hay *alguien* en casa? — No, no hay *nadie*.

3) **alguno ⇔ ninguno**

　　a. 代名詞　¿Ha venido *alguna* de las chicas? — No, no ha venido *ninguna*.

　　b. 形容詞：男性単数名詞の前で**algún, ningún**になる。

　　　　¿Hay *algún* problema? — No, no hay ninguno（=*ningún* problema）.

4) **alguna vez ⇔ nunca**

　　　　¿Ha estado *alguna vez* en México? — No, no he estado *nunca*.

5) **tampoco**　　No hablo francés. — Yo *tampoco*.

6) **ni**　　No tengo (*ni*) tiempo *ni* dinero.

Lección 13

❶ 直説法線過去（未完了過去）

1 規則活用

hablar

habl**aba**	habl**ábamos**
habl**abas**	habl**abais**
habl**aba**	habl**aban**

comer

com**ía**	com**íamos**
com**ías**	com**íais**
com**ía**	com**ían**

vivir

viv**ía**	viv**íamos**
viv**ías**	viv**íais**
viv**ía**	viv**ían**

2 不規則活用（3語のみ）

ir

iba	íbamos
ibas	ibais
iba	iban

ser

era	éramos
eras	erais
era	eran

ver

veía	veíamos
veías	veíais
veía	veían

Cuando *vivía* en Colombia, conocí a Sandra.

Cuando *éramos* niños, *jugábamos* al fútbol en el parque.

❷ 直説法過去完了（**haber**の直説法線過去＋過去分詞）

había	**habíamos**
habías	**habíais**
había	**habían**

+

hablado
comido
vivido

Cuando entré en el aula, ya *había empezado* la clase.

❸ 間接疑問文：疑問文が従属節になった文

1） 疑問詞のない疑問文 　　No sé *si* ha venido Laura.

2） 疑問語疑問文 　　　　　No sé *cuántos años* tiene Cristina.

❹ 因果関係を表す接続表現

1 原因・理由を表す

1） porque: 主節の後に置かれる。No se oye nada *porque* hay mucho ruido.

2） como: 主節の前に置かれる。　*Como* hay mucho ruido, no se oye nada.

3） por + 名詞 　　　　　　　Llegaron tarde *por* el accidente.

2 結果を表す接続表現 　por eso, así que

Ayer estaba muy cansado, *por eso* no fui al gimnasio.

Había huelga de pilotos, *así que* fuimos a Madrid en tren.

Lección 14

① 直説法未来

1 規則活用

hablar			comer			vivir	
hablar**é**	hablar**emos**		comer**é**	comer**emos**		vivir**é**	vivir**emos**
hablar**ás**	hablar**éis**		comer**ás**	comer**éis**		vivir**ás**	vivir**éis**
hablar**á**	hablar**án**		comer**á**	comer**án**		vivir**á**	vivir**án**

2 不規則活用

poder		tener		hacer		decir	
podré	podremos	tendré	tendremos	haré	haremos	diré	diremos
podrás	podréis	tendrás	tendréis	harás	haréis	dirás	diréis
podrá	podrán	tendrá	tendrán	hará	harán	dirá	dirán

Mañana *saldré* de casa muy temprano para ir al aeropuerto.

¿Cuántos años tiene Luis? —*Tendrá* unos treinta años.

② 直説法未来完了（**haber**の直説法未来＋過去分詞）

habré	habremos			hablado
habrás	habréis	+		comido
habrá	habrán			vivido

Mañana, a esta hora, ya *habremos llegado* a Acapulco.

③ 関係詞

1）関係代名詞

que：先行詞は人または物　　El libro *que* estoy leyendo es muy útil.

　　※関係詞節中の動詞が前置詞を伴う場合：**先行詞＋前置詞＋定冠詞＋que**

　　　　Este es el chico *del que* te hablé el otro día.

quien, quienes：先行詞は人のみ，制限用法では必ず前置詞の後に置かれる。

　　　　Este es el chico **de** *quien* te hablé el otro día.

2）関係副詞：**donde**：場所　**cuando**：時　**como**：方法・様態

　　　　Estamos en el pueblo *donde* nació Federico García Lorca.

3）関係形容詞：**cuyo(-ya, -yos,-yas)**：所有を表す。後続する名詞の性・数に一致する。

　　　　Tengo un amigo *cuya* madre es actriz.

Lección 15

① 比較級

1）優等比較：　$\boxed{\textbf{más}＋形容詞・副詞＋\textbf{que}}$　　Luis es *más* alto *que* José.

2）劣等比較：　$\boxed{\textbf{menos}＋形容詞・副詞＋\textbf{que}}$　　Antonio es *menos* trabajador *que* Sergio.

3）比較級の不規則形

形容詞	副詞	比較級
mucho	mucho	**más**
poco	poco	**menos**
bueno	bien	**mejor**
malo	mal	**peor**
grande	—	**mayor**
pequeño	—	**menor**

4）同等比較

    a.　$\boxed{\textbf{tan}＋形容詞・副詞＋\textbf{como}}$　　El baloncesto es *tan* interesante *como* el fútbol.

                                          Luis habla francés *tan* bien *como* Pedro.

    b.　$\boxed{\textbf{tanto/a/os/as}＋名詞＋\textbf{como}}$　　Sandra lleva *tanto* equipaje *como* Lucía.

    c.　$\boxed{動詞＋\textbf{tanto como}}$　　José estudia *tanto como* Miguel.

5）その他の比較表現

    más de　　　　: Sevilla tiene *más de* 600.000 habitantes.

    menos de　　　: El niño tiene *menos de* tres años.

    no ~ más que　: Ahora en mi cartera *no* tengo *más que* cinco euros.

    lo más ~ posible　: Ven *lo más* pronto *posible*.

② 最上級

1　形容詞の最上級構文

1）　$\boxed{定冠詞＋\textbf{más}＋形容詞＋\textbf{de}}$　　José es el *más* alto *de* la clase.

2）　$\boxed{定冠詞＋名詞＋\textbf{más}＋形容詞＋\textbf{de}}$　　José es *el* alumno *más* alto *de* la clase.

2　副詞の最上級構文

$\boxed{主語＋\textbf{ser}＋（主語と性・数一致する）定冠詞＋\textbf{que}＋動詞＋比較級＋\textbf{de}～}$

                                     Pedro es *el que* canta *mejor del* grupo.

③ 形容詞の絶対最上級：形容詞の語尾に **-ísimo** をつけて，「とても～」という意味を表す。

                                     Vi a un chico *guapísimo* en la calle.

Lección 16

① 直説法過去未来

1 規則活用

hablar	
hablar**ía**	hablar**íamos**
hablar**ías**	hablar**íais**
hablar**ía**	hablar**ían**

comer	
comer**ía**	comer**íamos**
comer**ías**	comer**íais**
comer**ía**	comer**ían**

vivir	
vivir**ía**	vivir**íamos**
vivir**ías**	vivir**íais**
vivir**ía**	vivir**ían**

2 不規則活用

poder	
podría	podríamos
podrías	podríais
podría	podrían

tener	
tendría	tendríamos
tendrías	tendríais
tendría	tendrían

hacer	
haría	haríamos
harías	haríais
haría	harían

decir	
diría	diríamos
dirías	diríais
diría	dirían

② 直説法過去未来完了（**haber**の直説法過去未来＋過去分詞）

habría	habríamos		
habrías	habríais	+	hablado
habría	habrían		comido
			vivido

Raúl dijo que a las diez *habría vuelto*.

③ 話法と時制の一致

1 主節の時制が現在または現在完了のときは，従属節の動詞の時制はそのままで，人称が変わる。

　　直接話法　Carmen dice: — *Estoy* enferma.

　　間接話法　Carmen dice que *está* en Barcelona.

2 主節の時制が過去時制の場合，従属節の時制は現在 → 線過去，現在完了→ 過去完了，点過去 → 過去完了，未来 → 過去未来になる。線過去の場合は変わらない。

④ 関係詞の独立用法：関係詞自体が先行詞の意味を含んだ用法

quien(es)：*Quien* no trabaja, no come.

el que(la que, los que, las que)：*El que* baila con María es mi primo.

lo que：No entiendo *lo que* quieres decir.

donde：Esta casa es *donde* nació Picasso.

Lección 17

① 接続法現在

1 規則活用

hablar

hable	hablemos
hables	habléis
hable	hablen

comer

coma	comamos
comas	comáis
coma	coman

vivir

viva	vivamos
vivas	viváis
viva	vivan

2 不規則活用

1) 語幹母音変化動詞

pensar	: piense	pienses	piense	pensemos	penséis	piensen
volver	: vuelva	vuelvas	vuelva	volvamos	volváis	vuelvan

2) -ir 動詞はさらに1・2人称複数で e → i, o → u になる。

sentir	: sienta	sientas	sienta	sintamos	sintáis	sientan
pedir	: pida	pidas	pida	pidamos	pidáis	pidan
dormir	: duerma	duermas	duerma	durmamos	durmáis	duerman

3) 直説法現在1人称単数形を基本にして活用する動詞

tener (tengo)	: tenga	tengas	tenga	tengamos	tengáis	tengan
hacer (hago)	: haga	hagas	haga	hagamos	hagáis	hagan
decir (digo)	: diga	digas	diga	digamos	digáis	digan
oír (oigo)	: oiga	oigas	oiga	oigamos	oigáis	oigan
ver (veo)	: vea	veas	vea	veamos	veáis	vean
conocer (conozco)	: conozca	conozcas	conozca	conozcamos	conozcáis	conozcan

4) 完全な不規則変化動詞（直説法現在１人称単数形が**o**で終わらない動詞）

dar	: dé	des	dé	demos	deis	den
ser	: sea	seas	sea	seamos	seáis	sean
estar	: esté	estés	esté	estemos	estéis	estén
haber	: haya	hayas	haya	hayamos	hayáis	hayan
ir	: vaya	vayas	vaya	vayamos	vayáis	vayan
saber	: sepa	sepas	sepa	sepamos	sepáis	sepan

② 命令文

1) **nosotros** と **usted, ustedes** には接続法現在を使う。

2) 否定命令では，人称に関わらず常に接続法現在が用いられる。

Lección 18

❶ 接続法現在完了（haberの接続法現在＋過去分詞）

haya	hayamos		hablado
hayas	hayáis	+	comido
haya	hayan		vivido

No creo que Luis *haya aprobado el examen.*

❷ 接続法過去

-ra 形と -se 形がある。直説法点過去3人称複数形から末尾の -ron を取って作られる。

hablar（habla-ron）

hablara	habláramos	hablase	hablásemos
hablaras	hablarais	hablases	hablaseis
hablara	hablaran	hablase	hablasen

El médico me aconsejó que *dejara* de fumar.

Quisiera hablar con el señor Fernández.

❸ 接続法過去完了（haberの接続法過去＋過去分詞）

hubiera (hubiese)	hubiéramos (hubiésemos)		hablado
hubieras (hubieses)	hubierais (hubieseis)	+	comido
hubiera (hubiese)	hubieran (hubiesen)		vivido

No creía que Luis *hubiera aprobado* el examen.

❹ 条件文

1 現実的条件文

Si *llueve* mañana, no saldré de casa.

Si *encontrara* trabajo, me compraría un coche nuevo.

2 反事実的条件文

Si yo *fuera* tú, no me casaría con él.

Si *hubiera encontrado* trabajo, me habría comprado un coche nuevo.

❺ 譲歩文

1 譲歩節の事柄を事実として述べる場合：「〜が／けれども」

Aunque *está lloviendo*, voy a salir.

2 譲歩節の事柄を仮定する場合：「〜ても」

Aunque *llueva* mañana, saldré de casa.

写真・イラスト：

Shutterstock.com

L6 Actividades 1	本屋	Sonia Bonet / Shutterstock.com
L6 ひとくちメモ	ラストロ	nito / Shutterstock.com
L8 ひとくちメモ	AVE	Alfonso de Tomas / Shutterstock.com
L11 Ejercicios 5	金庫	EvgL / Shutterstock.com
L12 Actividades 1	貝の家	Steve Heap / Shutterstock.com
L12 Actividades 2	サグラダ・ファミリア	Mistervlad / Shutterstock.com
L13 Ejercicios 5, 1	バスケ	photoyh / Shutterstock.com
L13 Ejercicios 5, 2	自転車	LiveMedia / Shutterstock.com
L13 Ejercicios 5, 4	マラソン	Vera Norma / Shutterstock.com
L13 Ejercicios 5, 6	サッカー	EFECREATA / Shutterstock.com
L15 Ejercicios 5, 2	イグアスの滝	Jean Ledoino Apolinario / Shutterstock.com
L15 Actividades 3, 2	Puerta del Sol	Noppasin Wongchum / Shutterstock.com
L16 Ejercicios 5, 1	空港カウンター	Rob Wilson / Shutterstock.com
L16 Ejercicios 5, 2	空港ベンチ	Ligeia / Shutterstock.com
L16 Ejercicios 5, 7	機内通路	Hazli / Shutterstock.com
L16 Ejercicios 5, 9	離陸	Thiago B Trevisan / Shutterstock.com
L16 Ejercicios 5, 10	着陸	dhvstockphoto / Shutterstock.com
L16 Actividades 3	空港カウンター	Rob Wilson / Shutterstock.com
L16 ひとくちメモ	ラ・トマティーナ	Iakov Filimonov / Shutterstock.com
裏表紙	チチカカ湖	saiko3p / Shutterstock.com

コミュニケーションのための
新スペイン語演習ノート

検印
省略

© 2022 年 1 月 30 日   初 版 発 行

著者   和佐 敦子

発行者   原 雅 久
発行所   株式会社 朝 日 出 版 社
〒 101-0065 東京都千代田区西神田 3-3-5
電話(03)3239-0271・72（直通）
http://www.asahipress.com/
振替口座 東京 00140-2-46008
明昌堂／図書印刷

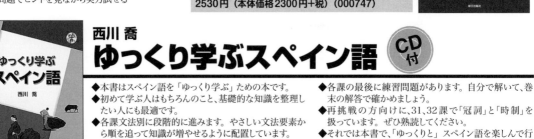